Dr. Oetker

Die besten Schüttel & Tassen Muffins

Dr. Oetker

Die besten Schüttel & Tassen Muffins

Dr. Oetker Verlag

Vorwort

Es ist noch gar nicht lange her, da erntete man auf die Frage nach Muffins nur ein Achselzucken.

Heute sind die leckeren Miniküchlein ein echter Dauerbrenner im Backofen und zur Zeit in aller Munde. Ob zum Frühstück, zum Kaffee, zum Tee oder einfach so zwischendurch – Muffins schmecken zu jeder Tages- und Jahreszeit, sind einfach und schnell zu machen und ruck, zuck gebacken.

All die vielen Hobbybäcker können nicht genug bekommen von den innovativen Backvorschlägen. Köstliche Rezeptideen wie Bananen-Muffins mit Cornflakes, Marzipan-Weintrauben-Muffins, Käse-Zimt-Muffins und Energie-Muffins werden Sie überraschen. Überzeugen Sie sich, wie lecker und abwechslungsreich Muffins schmecken können.

Alle Rezepte sind von Dr. Oetker wie immer nachgebacken und so beschrieben, dass sie Ihnen gelingen.

Abkürzungen

EL	=	Esslöffel
TL	=	Teelöffel
Msp.	=	Messerspitze
Pck.	=	Packung/Päckchen
g	=	Gramm
kg	=	Kilogramm
ml	=	Milliliter
l	=	Liter
evtl.	=	eventuell
geh.	=	gehäuft
gestr.	=	gestrichen
TK	=	Tiefkühlprodukt
°C	=	Grad Celsius
Ø	=	Durchmesser
E	=	Eiweiß
F	=	Fett
Kh	=	Kohlenhydrate
kcal	=	Kilokalorien
kJ	=	Kilojoule

Hinweise zu den Rezepten

Die nach den Rezepten zubereitete Teigmenge reicht für 12 Muffins, soweit nicht anders angegeben.

Lesen Sie bitte vor der Zubereitung – besser noch vor dem Einkaufen – das Rezept einmal vollständig durch. Oft werden Arbeitsabläufe oder -zusammenhänge dann klarer.

Die in den Rezepten angegebenen Backtemperaturen und -zeiten sind Richtwerte, die je nach individueller Hitzeleistung des Backofens über- oder unterschritten werden können. Bitte beachten Sie deshalb bei der Einstellung des Backofens die Gebrauchsanweisung des Herstellers und machen Sie nach Beendigung der Backzeit eine Garprobe.

Zubereitungszeiten

Die Zubereitungszeit beinhaltet nur die Zeit für die eigentliche Zubereitung, die Backzeiten sind gesondert ausgewiesen. Längere Wartezeiten, wie z. B. Kühlzeiten, sind ebenfalls nicht mit einbezogen.

Johannisbeer-Muffins

Raffiniert – für Gäste

Zum Vorbereiten:
150 g Johannisbeeren
100 g Marzipan-Rohmasse

Für den Schüttelteig:
150 g Weizenmehl
2 gestr. TL Dr. Oetker Backin
100 g Zucker
1 Pck. Dr. Oetker Vanillin-Zucker
2 Eier (Größe M)
4 EL Milch
5 EL Speiseöl
100 g Haferflocken (kernige)

Für die Form:
1 EL Haferflocken (kernige)

1 Zum Vorbereiten Johannisbeeren waschen, abtropfen lassen und entstielen. Marzipan-Rohmasse in hauchdünne Scheiben schneiden.

2 Für den Teig Mehl mit Backin mischen, in eine verschließbare Schüssel (3-Liter-Inhalt) sieben, mit Zucker und Vanillin-Zucker mischen. Eier, Milch und Speiseöl hinzufügen. Schüssel mit dem Deckel fest verschließen.

3 Mehrmals (insgesamt 15–30 Sekunden) kräftig schütteln, so dass alle Zutaten gut vermischt sind. Haferflocken hinzugeben. Alles mit einem Schneebesen oder Rührlöffel nochmals sorgfältig durchrühren, damit vor allem trockene Zutaten vom Rand mit untergerührt werden.

4 Den Teig in eine Muffinform (für 12 Muffins, gefettet, mit Haferflocken ausgestreut) geben und glatt streichen.

5 Johannisbeeren und Marzipanscheiben auf dem Teig verteilen und vorsichtig mit einem Teelöffel unterheben. Die Form auf dem Rost in den Backofen schieben.

Ober-/Unterhitze: etwa 180 °C (vorgeheizt)
Heißluft: etwa 160 °C (vorgeheizt)
Gas: Stufe 2–3 (vorgeheizt)
Backzeit: etwa 25 Minuten.

6 Die Muffins etwa 10 Minuten in der Form stehen lassen, dann aus der Form lösen und auf einem Kuchenrost erkalten lassen.

Zubereitungszeit: 40 Minuten
Backzeit: etwa 25 Minuten

Insgesamt:
E: 61 g, F: 113 g, Kh: 330 g, kJ: 10798, kcal: 2574

Bananen-Muffins
mit Cornflakes

Für Gäste

Für den Schüttelteig:
- 125 g Weizenmehl
- 1½ gestr. TL Dr. Oetker Backin
- 100 g Rohrzucker (brauner Zucker)
- 3 Eier (Größe M)
- 1 Pck. Dr. Oetker Finesse Geriebene Zitronenschale oder Finesse Orangenfrucht
- 75 g zerlassene abgekühlte Butter oder Margarine
- 125 g saure Sahne
- 2 Bananen
- 1 EL Zitronensaft
- 100 g zerdrückte Cornflakes

Zum Bestreuen:
- 2 EL Cornflakes
- 1 geh. TL Rohrzucker

Nach Belieben zum Verzieren und Garnieren:
- aufgelöste Zartbitterschokolade
- Bananenscheiben

1 Für den Teig Mehl mit Backin mischen, in eine verschließbare Schüssel (3-Liter-Inhalt) sieben, mit Zucker mischen. Eier, Zitronenschale oder Orangenfrucht, Butter oder Margarine und Sahne hinzufügen. Schüssel mit dem Deckel fest verschließen. Mehrmals (insgesamt 15–30 Sekunden) kräftig schütteln, so dass alle Zutaten gut vermischt sind. Alles mit einem Schneebesen oder Rührlöffel nochmals sorgfältig durchrühren, damit vor allem trockene Zutaten vom Rand mit untergerührt werden.

2 Bananen schälen, mit einer Gabel zerdrücken, Zitronensaft hinzufügen und mit den Cornflakes unter den Teig rühren.

3 Den Teig in eine Muffinform (für 12 Muffins, gefettet, gemehlt) geben und glatt streichen. Cornflakes leicht zerdrücken und mit Zucker vermengen. Cornflakes-Zucker-Mischung auf den Teig streuen. Die Form auf dem Rost in den Backofen schieben.

Ober-/Unterhitze: 180–200 °C (vorgeheizt)
Heißluft: 160–180 °C (vorgeheizt)
Gas: etwa Stufe 3 (vorgeheizt)
Backzeit: etwa 30 Minuten.

4 Die Muffins etwa 10 Minuten in der Form stehen lassen, dann aus der Form lösen und auf einem Kuchenrost erkalten lassen.

5 Nach Belieben die Muffins mit aufgelöster Schokolade verzieren und mit Bananenscheiben garnieren. Schokolade fest werden lassen.

Zubereitungszeit: 45 Minuten, ohne Abkühlzeit
Backzeit: etwa 30 Minuten

Insgesamt: E: 51 g, F: 100 g, Kh: 344 g, kJ: 10420, kcal: 2488

Mandarinen-Muffins Raffiniert

Für den Schüttelteig:

- 150 g Weizenmehl
- 20 g Speisestärke
- 2 gestr. TL Dr. Oetker Backin
- 120 g Zucker
- 2 gestr. TL Dr. Oetker Finesse Orangenfrucht
- 3 Eier (Größe M)
- 5 EL neutrales Speiseöl (z. B. Rapsöl)
- 6 EL Orangensaft

Für den Belag:

- 3 Blatt weiße Gelatine
- 1 Dose Mandarinen, natursüß (Abtropfgewicht 175 g)
- 300 g körniger Frischkäse (20 % Fett i. Tr.)
- 100 ml Schlagsahne
- 2 EL gesiebter Puderzucker
- 100 g Orangenmarmelade

evtl. Zimtzucker zum Bestreuen

Zubereitungszeit: 20 Minuten, ohne Kühlzeit
Backzeit: 25–30 Minuten

Insgesamt:
E: 65 g, F: 118 g, Kh: 406 g, kJ: 12834, kcal: 3065

1 Für den Teig Mehl mit Speisestärke und Backin mischen, in eine verschließbare Schüssel (3-Liter-Inhalt) sieben, mit Zucker und Orangenfrucht mischen. Eier, Speiseöl und Orangensaft hinzufügen. Die Schüssel mit dem Deckel fest verschließen.

2 Mehrmals (insgesamt 15–30 Sekunden) kräftig schütteln, so dass alle Zutaten gut vermischt sind. Alles mit einem Schneebesen oder Rührlöffel nochmals sorgfältig durchrühren, damit vor allem trockene Zutaten vom Rand mit untergerührt werden.

3 Den Teig in eine Muffinform (für 12 Muffins, gefettet) geben und glatt streichen. Die Form auf dem Rost in den Backofen schieben.

Ober-/Unterhitze: etwa 180 °C (vorgeheizt)
Heißluft: etwa 160 °C (vorgeheizt)
Gas: Stufe 2–3 (vorgeheizt)
Backzeit: 25–30 Minuten.

4 Die Muffins etwa 10 Minuten in der Form stehen lassen, dann aus der Form lösen und auf einem Kuchenrost erkalten lassen.

5 Für den Belag Gelatine nach Packungsanleitung einweichen. Mandarinen abtropfen lassen. Gelatine tropfnass in einem kleinen Topf unter Rühren erwärmen (nicht kochen), bis sie völlig gelöst ist.

6 Gelatine mit 3 Esslöffeln des Frischkäses verrühren, dann den restlichen Frischkäse unterrühren. Sahne mit Puderzucker steif schlagen und unterheben. Käse-Sahne-Masse kalt stellen.

7 Marmelade in einem Topf unter Rühren kräftig aufkochen, Mandarinen vorsichtig unterrühren. Die Masse mit einem Löffel auf den Muffins verteilen. Im Topf verbliebene Marmelade darauf träufeln. Muffins erkalten lassen.

8 Von der Käsecreme mit einem kalt ausgespülten Eiskugelausstecher (Ø etwa 4,5 cm) Halbkugeln ausstechen und auf die Muffins setzen oder dazu reichen. Nach Belieben mit Zimtzucker bestreuen.

Rhabarber-Muffins

Mit Alkohol – für Gäste

1 Tasse ≙ 200 ml

Zum Vorbereiten:

300 g Rhabarber
etwas Wasser

Für den All-in-Teig:

2 Tassen (200 g) Weizenmehl
1 gestr. TL Dr. Oetker Backin
knapp 1 Tasse (125 g) Zucker
1 Pck. Dr. Oetker Bourbon-Vanille-Zucker
1 Prise Salz
2 Eier (Größe M)
½ Pck. (125 g) weiche Butter oder Margarine
2 EL Orangenlikör
3 EL Milch
½ Pck. (50 g) Haselnusskrokant

Für die Vanillesauce:

1 Pck. Dessertsauce Vanille-Geschmack, zum Kochen
3 EL (30 g) Zucker
2 Tassen (400 ml) Milch
200 ml Schlagsahne

1 Zum Vorbereiten Rhabarber waschen, Stielenden und Blattansätze entfernen, Stangen in etwa 2 cm lange Stücke schneiden. Rhabarberstücke in einem Topf mit etwas Wasser in etwa 5 Minuten bissfest dünsten, anschließend in einem Sieb abtropfen und abkühlen lassen.

2 Für den Teig Mehl mit Backin mischen und in eine Rührschüssel sieben. Zucker, Vanille-Zucker, Salz, Eier, Butter oder Margarine, Likör, Milch und Krokant hinzufügen. Die Zutaten mit Handrührgerät mit Rührbesen zunächst kurz auf niedrigster, dann auf höchster Stufe in etwa 2 Minuten zu einem glatten Teig verarbeiten.

3 Den Teig in eine Muffinform (für 12 Muffins, gefettet, gemehlt) geben und glatt streichen. Rhabarber darauf verteilen und leicht eindrücken. Die Form auf dem Rost in den Backofen schieben.

Ober-/Unterhitze: etwa 180 °C (vorgeheizt)
Heißluft: etwa 160 °C (vorgeheizt)
Gas: Stufe 2–3 (vorgeheizt)
Backzeit: etwa 25 Minuten.

4 Die Muffins etwa 10 Minuten in der Form stehen lassen, dann aus der Form lösen und auf einem Kuchenrost erkalten lassen.

5 Für die Sauce Saucenpulver mit Zucker und Milch (aber nur mit 400 ml Milch) zubereiten und etwas abkühlen lassen. Sahne steif schlagen und unterziehen. Die Sauce lauwarm zu den Muffins servieren.

Zubereitungszeit:
35 Minuten, ohne Abkühlzeit
Backzeit: etwa 25 Minuten

Insgesamt:
E: 58 g, F: 208 g, Kh: 401 g,
kJ: 15784, kcal: 3767

Bananenchips-Muffins

Für Kinder

Für den Schüttelteig:

- 100 g Bananenchips, z. B. mit Honig geröstet
- 200 g Weizenmehl
- 2 gestr. TL Dr. Oetker Backin
- 120 g Zucker
- 1 Pck. Dr. Oetker Vanillin-Zucker
- 3 Eier (Größe M)
- 120 g zerlassene abgekühlte Butter
- 100 ml Bananenfruchtsaftgetränk
- 50 g gehackte Vollmilchschokolade

Für den Belag:

- 50 g Vollmilchschokolade
- etwa 25 g Bananenchips, z. B. mit Honig geröstet

1 Für den Teig Bananenchips hacken, evtl. mit einem Blitzhacker. Mehl mit Backin mischen und in eine verschließbare Schüssel (3-Liter-Inhalt) sieben, mit Zucker und Vanillin-Zucker mischen. Eier, Butter, Bananenchips und Fruchtsaftgetränk hinzufügen. Die Schüssel mit dem Deckel fest verschließen.

2 Mehrmals (insgesamt 15–30 Sekunden) kräftig schütteln, so dass alle Zutaten gut vermischt sind. Schokoladenstückchen hinzugeben. Alles mit einem Schneebesen oder Rührlöffel nochmals sorgfältig durchrühren, damit vor allem trockene Zutaten vom Rand mit untergerührt werden.

3 Den Teig in eine Muffinform (für 12 Muffins, gefettet) geben und glatt streichen. Die Form auf dem Rost in den Backofen schieben.

Ober-/Unterhitze: etwa 180 °C (vorgeheizt)
Heißluft: etwa 160 °C (vorgeheizt)
Gas: Stufe 2–3 (vorgeheizt)
Backzeit: 25–30 Minuten.

4 Die Form auf einen Kuchenrost stellen. Für den Belag Schokolade in 12 Stücke brechen. Jeweils 1 Schokoladenstück auf den Muffins verteilen und schmelzen lassen. Je 1–2 Chips darauf geben und andrücken. Anschließend die Muffins etwa 10 Minuten in der Form stehen lassen, dann aus der Form lösen und auf einem Kuchenrost erkalten lassen.

Zubereitungszeit:
15 Minuten, ohne Abkühlzeit
Backzeit: 25–30 Minuten

Insgesamt:
E: 55 g, F: 191 g, Kh: 421g,
kJ: 15142, kcal: 3616

Nuss-Beeren-Muffins
(Titelfoto)

Klassisch

Für den Schüttelteig:

- 130 g Weizenmehl
- 2 gestr. TL Dr. Oetker Backin
- 130 g Zucker
- 4 Eier (Größe M)
- 200 g zerlassene abgekühlte Butter oder Margarine
- 8 EL Milch
- 130 g gemahlene Haselnusskerne

Für die Form:

- 1–2 EL Semmelbrösel

Für den Belag:

- 150 g TK-Heidelbeeren

Zum Bestäuben:

- Puderzucker

1 Für den Teig Mehl mit Backin mischen, in eine verschließbare Schüssel (3-Liter-Inhalt) sieben, mit Zucker mischen. Eier, Butter oder Margarine und Milch hinzufügen. Schüssel mit dem Deckel fest verschließen.

2 Mehrmals (insgesamt 15–30 Sekunden) kräftig schütteln, so dass alle Zutaten gut vermischt sind, Haselnusskerne hinzugeben. Alles mit einem Schneebesen oder Rührlöffel nochmals sorgfältig durchrühren, damit vor allem trockene Zutaten vom Rand mit untergerührt werden.

3 Den Teig in eine Muffinform (für 12 Muffins, gefettet, mit Semmelbröseln ausgestreut) geben und glatt streichen. Die gefrorenen Heidelbeeren darauf verteilen.

4 Die Form auf dem Rost in den Backofen schieben.

Ober-/Unterhitze: etwa 200 °C (vorgeheizt)
Heißluft: etwa 180 °C (vorgeheizt)
Gas: Stufe 3–4 (vorgeheizt)
Backzeit: etwa 30 Minuten.

5 Die Muffins etwa 10 Minuten in der Form stehen lassen, dann aus der Form lösen und auf einem Kuchenrost erkalten lassen. Muffins kurz vor dem Servieren mit Puderzucker bestäuben.

Tipp:

Die Muffins schmecken auch sehr gut mit einem Himbeerbelag.

Zubereitungszeit:
35 Minuten, ohne Abkühlzeit
Backzeit: etwa 30 Minuten

Insgesamt:
E: 66 g, F: 282 g, Kh: 288 g, kJ: 16525, kcal: 3946

Pfirsich-Muffins

Fruchtig – gefriergeeignet

Für den Schüttelteig:

- 200 g Weizenmehl
- 3 gestr. TL Dr. Oetker Backin
- 100 g Zucker
- 1 Pck. Dr. Oetker Vanillin-Zucker
- 6 Eier (Größe M)
- 125 g zerlassene abgekühlte Butter oder Margarine
- 75 g Vollmilch-Schokoflocken

Für den Belag:

- 2 Pfirsiche

Zum Bestäuben:

- 1 EL Puderzucker

1 Für den Teig Mehl mit Backin mischen, in eine verschließbare Schüssel (3-Liter-Inhalt) sieben, mit Zucker und Vanillin-Zucker mischen. Eier und Butter oder Margarine hinzufügen. Schüssel mit dem Deckel fest verschließen.

2 Mehrmals (insgesamt 15–30 Sekunden) kräftig schütteln, so dass alle Zutaten gut vermischt sind. Schokoflocken hinzugeben. Alles mit einem Schneebesen oder Rührlöffel nochmals sorgfältig durchrühren, damit vor allem trockene Zutaten vom Rand mit untergerührt werden. Den Teig in eine Muffinform (für 12 Muffins, gefettet) geben.

3 Für den Belag Pfirsiche waschen, abtrocknen, entsteinen und in dünne Spalten schneiden. Pfirsichspalten fächerartig auf dem Teig verteilen. Die Form auf dem Rost in den Backofen schieben.

Ober-/Unterhitze: etwa 180 °C (vorgeheizt)
Heißluft: etwa 160 °C (vorgeheizt)
Gas: Stufe 2–3 (vorgeheizt)
Backzeit: etwa 25 Minuten.

4 Die Muffins etwa 10 Minuten in der Form stehen lassen, dann aus der Form lösen und auf einem Kuchenrost erkalten lassen. Mit Puderzucker bestäuben.

Tipp:

Statt Pfirsiche können Sie für den Belag auch 4-6 Aprikosen verwenden.

Zubereitungszeit: 20 Minuten, ohne Abkühlzeit
Backzeit: etwa 25 Minuten

Insgesamt:
E: 71 g, F: 162 g, Kh: 329 g, kJ: 12794, kcal: 3055

Frische Schüttel-Muffins

Fruchtig

(18 Muffins)

Zum Vorbereiten:

1 Dose Fruchtcocktail (Abtropfgewicht 340 g)

Für den Schüttelteig:

3 EL (80 g) Weizengrieß
1 gestr. TL Dr. Oetker Backin
125 g Zucker
1 Pck. Dr. Oetker Vanillin-Zucker
500 g Magerquark
3 Eier (Größe M)
2 EL Zitronensaft
2 EL Cocktailfruchtsaft aus der Dose
125 g zerlassene abgekühlte Butter oder Margarine

Nach Belieben zum Bestäuben:

Puderzucker

1 Zum Vorbereiten Fruchtcocktail in einem Sieb gut abtropfen lassen, den Saft dabei auffangen.

2 Für den Teig Grieß mit Backin mischen, in eine verschließbare Schüssel (3-Liter-Inhalt) geben, mit Zucker und Vanillin-Zucker mischen. Quark, Eier, Zitronen-, Fruchtcocktailsaft und Butter oder Margarine hinzufügen. Schüssel mit dem Deckel fest verschließen.

3 Mehrmals (insgesamt 15–30 Sekunden) kräftig schütteln, so dass alle Zutaten gut vermischt sind. Alles mit einem Schneebesen oder Rührlöffel nochmals sorgfältig durchrühren, damit vor allem trockene Zutaten vom Rand mit untergerührt werden. Fruchtcocktail vorsichtig unterheben.

4 Den Teig in 2 Muffinformen (1 Form für 12 Muffins, 1 Form für 6 Muffins, gefettet) geben und glatt streichen. Die Formen nacheinander (bei Heißluft zusammen) auf dem Rost in den Backofen schieben.

Ober-/Unterhitze: etwa 180 °C (vorgeheizt)
Heißluft: etwa 160 °C (nicht vorgeheizt)
Gas: Stufe 2–3 (nicht vorgeheizt)
Backzeit: etwa 35 Minuten je Form.

5 Die Muffins etwa 10 Minuten in den Formen stehen lassen, dann aus den Formen lösen und auf einem Kuchenrost erkalten lassen.

6 Muffins nach Belieben mit Puderzucker bestäuben.

Zubereitungszeit: 35 Minuten, ohne Abkühlzeit
Backzeit: etwa 35 Minuten je Form

Insgesamt:
E: 98 g, F: 131 g, Kh: 243 g, kJ: 10763, kcal: 2571

Exotic-Muffins

Gut vorzubereiten

Zum Vorbereiten:
1 Becher (200 ml) Schlagsahne

Für den Schüttelteig:
gut 1 Becher (150 g) Weizenmehl
1 gestr. TL Dr. Oetker Backin
½ Becher (100 g) brauner Zucker
1 Pck. Dr. Oetker Bourbon-Vanille-Zucker
2 Eier (Größe M)
½ Becher (125 ml [⅛ l]) Ahornsirup
½ Becher (50 g) Semmelbrösel
1½ Becher (200 g) Exotic Mix (Tropische Fruchtmischung, z. B. von Seeberger)

Für den Belag:
1 Apfel
2 EL brauner Zucker

Zubereitungszeit:
40 Minuten, ohne Abkühlzeit
Backzeit: etwa 30 Minuten

Insgesamt:
E: 42 g, F: 84 g, Kh: 529 g,
kJ: 12724, kcal: 3033

1 Für den Teig Sahne in eine verschließbare Schüssel (3-Liter-Inhalt) gießen. Becher auswaschen und abtrocknen.

2 Mehl mit Backin mischen, sieben, mit Zucker und Vanille-Zucker mischen, zusammen mit den Eiern und Sirup zu der Sahne geben. Schüssel mit dem Deckel fest verschließen.

3 Mehrmals (insgesamt 15–30 Sekunden) kräftig schütteln, so dass alle Zutaten gut vermischt sind. Semmelbrösel und zwei Drittel der Fruchtmischung (grob gehackt) hinzufügen. Alles mit einem Schneebesen oder Rührlöffel nochmals sorgfältig durchrühren, damit vor allem trockene Zutaten vom Rand mit untergerührt werden.

4 Den Teig in eine Muffinform (für 12 Muffins, gefettet, gemehlt) geben.

5 Für den Belag Apfel schälen, mit einem Apfelausstecher das Kerngehäuse entfernen. Apfel in 12 Scheiben schneiden. Die restliche Fruchtmischung (grob gehackt) auf dem Teig verteilen. Mit je 1 Apfelscheibe belegen, Zucker darauf streuen. Die Form auf dem Rost in den Backofen schieben.

Ober-/Unterhitze: etwa 200 °C (vorgeheizt)
Heißluft: etwa 180 °C (vorgeheizt)
Gas: Stufe 3–4 (vorgeheizt)
Backzeit: etwa 30 Minuten.

6 Die Muffins etwa 10 Minuten in der Form stehen lassen, dann aus der Form lösen und auf einem Kuchenrost erkalten lassen.

Zitronen-Mohn-Muffins

Fruchtig – für Gäste

Für den Schüttelteig:

325 g Weizenmehl
2 gestr. TL Dr. Oetker Backin
150 g Zucker
1 Pck. Dr. Oetker Vanillin-Zucker
1 Pck. Dr. Oetker
Finesse Geriebene Zitronenschale
3 Eier (Größe M)
100 ml Speiseöl
200 ml Zitronen-Buttermilch
30 g Mohnsamen

Für den Guss:

150 g gesiebter Puderzucker
etwa 2 EL Zitronensaft

Zum Bestreuen:

Mohnsamen

1 Für den Teig Mehl mit Backin mischen, in eine verschließbare Schüssel (3-Liter-Inhalt) sieben, mit Zucker, Vanillin-Zucker und Zitronenschale mischen. Eier, Speiseöl und Buttermilch hinzufügen. Schüssel mit dem Deckel fest verschließen.

2 Mehrmals (insgesamt 15–30 Sekunden) kräftig schütteln, so dass alle Zutaten gut vermischt sind. Mohnsamen hinzugeben. Alles mit einem Schneebesen oder Rührlöffel nochmals sorgfältig durchrühren, damit vor allem trockene Zutaten vom Rand mit untergerührt werden.

3 Den Teig in eine Muffinform (für 12 Muffins, gefettet) geben und glatt streichen. Die Form auf dem Rost in den Backofen schieben.

Ober-/Unterhitze: etwa 180 °C (vorgeheizt)
Heißluft: etwa 160 °C (vorgeheizt)
Gas: Stufe 2–3 (vorgeheizt)
Backzeit: etwa 25 Minuten.

4 Die Muffins etwa 10 Minuten in der Form stehen lassen, dann aus der Form lösen und auf einem Kuchenrost erkalten lassen.

5 Für den Guss Puderzucker und Zitronensaft zu einer dickflüssigen Masse verrühren. Die Muffins mit dem Guss bestreichen und mit Mohn bestreuen. Guss trocknen lassen.

Zubereitungszeit:
25 Minuten, ohne Abkühlzeit
Backzeit: etwa 25 Minuten

Insgesamt:
E: 73 g, F: 147 g, Kh: 571 g,
kJ: 16183, kcal: 3863

Himbeer-Amarettini-Muffins

Raffiniert – für Gäste

Zum Vorbereiten:

70 g Amarettini
(italienisches Mandelgebäck)

Für den Schüttelteig:

150 g Weizenmehl
2 gestr. TL Dr. Oetker Backin
100 g Zucker
1 Pck. Dr. Oetker Vanillin-Zucker
2 Eier (Größe M)
100 g zerlassene abgekühlte Butter
100 ml Buttermilch

Für den Belag:

170 g TK-Himbeeren
1 Pck. Dr. Oetker Sahnesteif
250 g Mascarpone
(italienischer Frischkäse)
3 EL gesiebter Puderzucker

Zum Garnieren:

12 Himbeeren oder 12 Amarettini

1 Zum Vorbereiten Amarettini in einen Gefrierbeutel geben, Beutel verschließen. Amarettini mit einer Teigrolle fein zerbröseln.

2 Für den Teig Mehl mit Backin mischen und in eine verschließbare Schüssel (3-Liter-Inhalt) sieben, mit Zucker und Vanillin-Zucker mischen. Eier, Butter, Buttermilch und Amarettinibrösel hinzufügen. Die Schüssel mit dem Deckel fest verschließen.

3 Mehrmals (insgesamt 15–30 Sekunden) kräftig schütteln, so dass alle Zutaten gut vermischt sind. Alles mit einem Schneebesen oder Rührlöffel nochmals sorgfältig durchrühren, damit vor allem trockene Zutaten vom Rand mit untergerührt werden.

4 Den Teig in eine Muffinform (für 12 Muffins, gefettet, mit Papierbackförmchen ausgelegt) geben und glatt streichen. Die Form auf dem Rost in den Backofen schieben.

Ober-/Unterhitze: etwa 180 °C (vorgeheizt)
Heißluft: etwa 160 °C (vorgeheizt)
Gas: Stufe 2–3 (vorgeheizt)
Backzeit: 20–25 Minuten.

5 Die Muffins etwa 10 Minuten in der Form stehen lassen, dann aus der Form nehmen und auf einem Kuchenrost erkalten lassen.

6 Für den Belag Himbeeren nach Packungsanleitung auftauen lassen. Himbeeren mit Sahnesteif bestreuen und durch ein Sieb streichen.

7 Mascarpone mit Puderzucker glatt rühren, nach und nach Himbeermus hinzufügen. Die Zutaten zu einer Creme aufschlagen. Die Creme auf den Muffins verteilen, mit je einer Himbeere oder einem Amarettini garnieren.

Zubereitungszeit:
20 Minuten, ohne Abkühl- und Auftauzeit
Backzeit: 20–25 Minuten

Insgesamt:
E: 52 g, F: 205 g, Kh: 343 g,
kJ: 14520, kcal: 3461

Ananas-Muffins

Gut vorzubereiten

Für den Schüttelteig:

200 g Weizenmehl
3 gestr. TL Dr. Oetker Backin
100 g Zucker
1 Pck. Dr. Oetker Vanillin-Zucker
3 Eier (Größe M)
125 g zerlassene abgekühlte Butter oder Margarine
125 g fein gehackte Marzipan-Rohmasse

Für den Belag:

12 Scheiben Baby-Ananas (frisch oder aus der Dose, etwa 200 g)

Zum Bestreuen:

100 g Kokosraspel

Zum Bestäuben:

40 g Puderzucker

1 Für den Teig Mehl mit Backin mischen, in eine verschließbare Schüssel (3-Liter-Inhalt) sieben, mit Zucker und Vanillin-Zucker mischen. Eier und Butter oder Margarine hinzufügen. Schüssel mit dem Deckel fest verschließen.

2 Mehrmals (insgesamt 15–30 Sekunden) kräftig schütteln, so dass alle Zutaten gut vermischt sind, Marzipanstückchen hinzugeben. Alles mit einem Schneebesen oder Rührlöffel nochmals sorgfältig durchrühren, damit vor allem trockene Zutaten vom Rand mit untergerührt werden.

3 Den Teig in eine Muffinform (für 12 Muffins, gefettet) geben und glatt streichen.

4 Für den Belag Ananasscheiben in einem Sieb abtropfen lassen oder frische Ananas schälen, Keil herausschneiden. Ananas in Scheiben schneiden. Größere Ananasscheiben evtl. halbieren. Je eine Ananasscheibe auf den Teig legen und mit Kokosraspeln bestreuen.

5 Die Form auf dem Rost in den Backofen schieben.

Ober-/Unterhitze: etwa 180 °C (vorgeheizt)
Heißluft: etwa 160 °C (nicht vorgeheizt)
Gas: Stufe 2–3 (nicht vorgeheizt)
Backzeit: etwa 35 Minuten.

6 Die Muffins etwa 10 Minuten in der Form stehen lassen, dann aus der Form lösen und auf einem Kuchenrost erkalten lassen. Muffins mit Puderzucker bestäuben.

Tipp:

Statt Baby-Ananas können Sie auch Mandarinen verwenden.

Zubereitungszeit:
25 Minuten, ohne Abkühlzeit
Backzeit: etwa 35 Minuten

Insgesamt:
E: 66 g, F: 236 g, Kh: 379 g, kJ: 16295, kcal: 3891

Stachelbeer-Muffins

Schnell – einfach

Zum Vorbereiten:

1 Glas Stachelbeeren (Abtropfgewicht 390 g)

Für den Schüttelteig:

120 g Weizenmehl
50 g Speisestärke
2 gestr. TL Dr. Oetker Backin
120 g brauner Zucker
1 Pck. Dr. Oetker Bourbon-Vanille-Zucker
3 Eier (Größe M)
80 g zerlassenes abgekühltes Butterschmalz
50 ml Milch
70 g gehackte Walnusskerne

Für den Belag:

100 g Aprikosenkonfitüre

1 Zum Vorbereiten Stachelbeeren in einem Sieb abtropfen lassen.

2 Für den Teig Mehl mit Speisestärke und Backin mischen, in eine verschließbare Schüssel (3-Liter-Inhalt) sieben, mit Zucker und Vanille-Zucker mischen. Eier, Butterschmalz und Milch hinzufügen. Die Schüssel mit dem Deckel fest verschließen.

3 Mehrmals (insgesamt 15–30 Sekunden) kräftig schütteln, so dass alle Zutaten gut vermischt sind. Walnusskerne hinzugeben. Alles mit einem Schneebesen oder Rührlöffel nochmals sorgfältig durchrühren, damit vor allem trockene Zutaten vom Rand mit untergerührt werden.

4 Den Teig in eine Muffinform (für 12 Muffins, gefettet) geben und glatt streichen. Den Teig etwa 5 Minuten stehen lassen. Stachelbeeren (etwa 100 g beiseite legen) auf dem Teig verteilen. Die Form auf dem Rost in den Backofen schieben.

Ober-/Unterhitze: etwa 200 °C (vorgeheizt)
Heißluft: etwa 180 °C (vorgeheizt)
Gas: Stufe 3–4 (vorgeheizt)
Backzeit: 25–30 Minuten.

5 Die Muffins etwa 10 Minuten in der Form stehen lassen, dann aus der Form lösen und auf einem Kuchenrost erkalten lassen.

6 Für den Belag Konfitüre in einem Topf unter Rühren aufkochen, beiseite gestellte Stachelbeeren hinzufügen und unter vorsichtigem Rühren kurz aufkochen lassen. Die Stachelbeermasse mit einem Löffel auf den Muffins verteilen.

Tipp:

Die Muffins mit Crème fraîche servieren.

Zubereitungszeit: 20 Minuten, ohne Abkühlzeit
Backzeit: 25–30 Minuten

Insgesamt:
E: 49 g, F: 150 g, Kh: 399 g, kJ: 13146, kcal: 3138

Marzipan-Weintrauben-Muffins

Einfach – für Gäste

1 Tasse ≙ 200 ml

Für den Schüttelteig:

2 ½ Tassen (250 g) Weizenmehl
2 gestr. TL Dr. Oetker Backin
½ Tasse (75 g) Zucker
1 Pck. Dr. Oetker Vanillin-Zucker
3 Eier (Größe M)
½ Pck. (125 g) zerlassene abgekühlte Butter oder Margarine
¾ Tasse (150 ml) Milch
½ Pck. (100 g) Marzipan-Rohmasse

Für den Belag:

250 g kernlose Weintrauben, z. B. Rosé

Zum Bestäuben:

2 EL (30 g) Puderzucker

Zubereitungszeit:
25 Minuten, ohne Abkühlzeit
Backzeit: etwa 25 Minuten

Insgesamt:
E: 68 g, F: 170 g, Kh: 378 g, kJ: 13881, kcal: 3314

1 Für den Teig Mehl mit Backin mischen und in eine verschließbare Schüssel (3-Liter-Inhalt) sieben, mit Zucker und Vanillin-Zucker mischen. Eier, Butter oder Margarine und Milch hinzufügen. Schüssel mit dem Deckel fest verschließen.

2 Mehrmals (insgesamt 15-30 Sekunden) kräftig schütteln, so dass alle Zutaten gut vermischt sind. Marzipan-Rohmasse in sehr kleine Würfel schneiden und hinzugeben. Alles mit einem Schneebesen oder Rührlöffel nochmals sorgfältig durchrühren, damit vor allem trockene Zutaten vom Rand mit untergerührt werden.

3 Den Teig in eine Muffinform (für 12 Muffins, gefettet, gemehlt) geben und glatt streichen.

4 Für den Belag Weintrauben waschen, abtropfen lassen, trockentupfen und entstielen. Je 2–3 Weintrauben in den Teig drücken. Die Form auf dem Rost in den Backofen schieben.

Ober-/Unterhitze: etwa 180 °C (vorgeheizt)
Heißluft: etwa 160 °C (vorgeheizt)
Gas: Stufe 2–3 (vorgeheizt)
Backzeit: etwa 25 Minuten.

5 Die Muffins etwa 10 Minuten in der Form stehen lassen, dann aus der Form lösen (evtl. vorsichtig mit einem Messer herausheben) und auf einem Kuchenrost erkalten lassen. Muffins mit Puderzucker bestäuben.

Nektarinen-Muffins

Raffiniert – fruchtig

1 Tasse ≙ 150 ml

Für den Schüttelteig:

- 3 Tassen kleine Weißbrotwürfel oder 70 g Brötchenwürfel (Brötchen vom Vortag)
- ½ Tasse (75 g) Zucker
- 1 Pck. Dr. Oetker Vanillin-Zucker
- knapp 1 Tasse (75 g) Weizenmehl
- 1 gestr. TL Dr. Oetker Backin
- 2 Eier (Größe M)
- 1 Becher (200 ml) Schlagsahne
- 2 Tassen (200 g) in kleine Würfel geschnittene Nektarinen (etwa 4 Stück)

Für den Belag:

- 1 Nektarine
- 25 g Butter

Zum Bestreuen:

- etwas Zimtzucker
- 1 EL abgezogene, gestiftelte Mandeln

Für den Guss:

- 2 EL Himbeer- oder Johannisbeergelee

Zubereitungszeit: 40 Minuten, ohne Abkühlzeit
Backzeit: etwa 30 Minuten

Insgesamt:
E: 38 g, F: 111 g, Kh: 271 g, kJ: 9381, kcal: 2240

1 Für den Teig Weißbrot- oder Brötchenwürfel in eine verschließbare Schüssel (3-Liter-Inhalt) geben, mit Zucker, Vanillin-Zucker, Mehl und Backin mischen. Eier und Sahne hinzufügen. Schüssel mit dem Deckel fest verschließen.

2 Mehrmals (insgesamt 15–30 Sekunden) kräftig schütteln, so dass alle Zutaten gut vermischt sind. Alles mit einem Schneebesen oder Rührlöffel nochmals sorgfältig durchrühren, damit vor allem trockene Zutaten vom Rand mit untergerührt werden. Nektarinenwürfel vorsichtig unterheben. Den Teig in eine Muffinform (für 12 Muffins, gefettet) geben.

3 Für den Belag Nektarine waschen, trockentupfen, halbieren, entsteinen und in 12 Spalten schneiden. Den Teig mit je 1 Nektarinenspalte belegen. Butterflöckchen darauf setzen, mit Zimtzucker und Mandeln bestreuen. Die Form auf dem Rost in den Backofen schieben.

Ober-/Unterhitze: etwa 180 °C (vorgeheizt)
Heißluft: etwa 160 °C (vorgeheizt)
Gas: Stufe 2–3 (vorgeheizt)
Backzeit: etwa 30 Minuten.

4 Die Muffins 10 Minuten in der Form stehen lassen, dann vorsichtig aus der Form lösen. Muffins auf einem Kuchenrost erkalten lassen.

5 Für den Guss Himbeer- oder Johannisbeergelee in einem kleinen Topf unter Rühren aufkochen lassen. Das Gelee mit einem Teelöffel auf den Muffins verteilen.

Weißwein-Muffins mit Erdbeerfüllung

Mit Alkohol

Für den Schüttelteig:

150 g Weizenmehl
30 g Speisestärke
2 gestr. TL Dr. Oetker Backin
120 g Zucker
1 Pck. Dr. Oetker Vanillin-Zucker
2 Eier (Größe M)
120 g zerlassene abgekühlte Butter oder Margarine
4 EL Weißwein

Für den Belag:

150 g TK-Erdbeeren
30 g abgezogene, gehobelte Mandeln
2 Blatt weiße Gelatine
2 TL Zitronensaft
2 EL gesiebter Puderzucker
150 g Speisequark (20% Fett)

Zum Beträufeln und Bestreichen:

50 ml Weißwein
100 g Aprikosenkonfitüre

1 Für den Teig Mehl mit Speisestärke und Backin mischen, in eine verschließbare Schüssel (3-Liter-Inhalt) sieben, mit Zucker und Vanillin-Zucker mischen. Eier, Butter oder Margarine und Wein hinzufügen. Schüssel mit dem Deckel fest verschließen.

2 Mehrmals (insgesamt 15–30 Sekunden) kräftig schütteln, so dass alle Zutaten gut vermischt sind. Alles mit einem Schneebesen oder Rührlöffel nochmals sorgfältig durchrühren, damit vor allem trockene Zutaten vom Rand mit untergerührt werden. Den Teig in eine Muffinform (für 12 Muffins, gefettet) geben und glatt streichen. Die Form auf dem Rost in den Backofen schieben.

Ober-/Unterhitze: etwa 200 °C (vorgeheizt)
Heißluft: etwa 180 °C (vorgeheizt)
Gas: Stufe 3–4 (vorgeheizt)
Backzeit: 20–25 Minuten.

3 Die Muffins etwa 10 Minuten in der Form stehen lassen, dann aus der Form lösen und auf einem Kuchenrost erkalten lassen.

4 Für den Belag Erdbeeren nach Packungsanleitung auftauen lassen. Mandeln in einer Pfanne ohne Fett goldbraun rösten, herausnehmen und auf einem Teller erkalten lassen.

5 Gelatine nach Packungsanleitung einweichen. Erdbeeren, Zitronensaft und Puderzucker in einen hohen Rührbecher geben und pürieren. Gelatine tropfnass in einem kleinen Topf unter Rühren erwärmen (nicht kochen), bis sie völlig gelöst ist. Die Hälfte des Erdbeerpürees mit der Gelatine verrühren, dann mit dem restlichen Püree verrühren. Quark unterheben, Masse kalt stellen.

6 Von den Muffins jeweils einen Deckel abschneiden. Die unteren Hälften mit Weißwein beträufeln. Erdbeer-Quark-Masse darauf verteilen. Konfitüre evtl. durch ein Sieb streichen oder pürieren, in einem kleinen Topf unter Rühren aufkochen. Die Muffinoberfläche (Deckel) mit der Konfitüre bestreichen, sofort mit Mandeln bestreuen. Trocknen lassen. Anschließend wieder zu einem Muffin zusammensetzen.

Zubereitungszeit:
25 Minuten, ohne Auftau- und Abkühlzeit
Backzeit: 20–25 Minuten

Insgesamt:
E: 60 g, F: 142 g, Kh: 362 g,
kJ: 12779, kcal: 3053

Orangen-Muffins

Für Kinder

Zum Vorbereiten:

1 Dose Mandarinen (Abtropfgewicht 175 g) oder Orangenfilets von 2 Orangen

Für den Schüttelteig:

300 g Weizenmehl
3 gestr. TL Dr. Oetker Backin
100 g Zucker
1 Pck. Dr. Oetker Finesse Orangenfrucht
3 Eier (Größe M)
150 ml Speiseöl
75 ml Mandarinensaft aus der Dose oder Orangensaft

Nach Belieben zum Bestreichen:

1 EL Orangenmarmelade oder Aprikosenkonfitüre

Zum Garnieren:

gewürfeltes Orangeat
einige Orangenfilets

Zubereitungszeit:
25 Minuten, ohne Abkühlzeit
Backzeit: etwa 30 Minuten

Insgesamt:
E: 57 g, F: 175 g, Kh: 398 g, kJ: 14134, kcal: 3375

1 Zum Vorbereiten Mandarinen in einem Sieb abtropfen lassen, den Saft dabei auffangen und 75 ml davon abmessen. Orangenfilets halbieren.

2 Für den Teig Mehl mit Backin mischen, in eine verschließbare Schüssel (3-Liter-Inhalt) sieben, mit Zucker und Orangenfrucht mischen. Eier, Speiseöl und Mandarinen- oder Orangensaft hinzufügen. Schüssel mit dem Deckel fest verschließen.

3 Mehrmals (insgesamt 15–30 Sekunden) kräftig schütteln, so dass alle Zutaten gut vermischt sind. Alles mit einem Schneebesen oder Rührlöffel nochmals sorgfältig durchrühren, damit vor allem trockene Zutaten vom Rand mit untergerührt werden.

4 Den Teig in eine Muffinform (für 12 Muffins, gefettet, gemehlt) geben. Mandarinen oder halbierte Orangenfilets auf den Teig legen. Die Form auf dem Rost in den Backofen schieben.

Ober-/Unterhitze: etwa 180 °C (vorgeheizt)
Heißluft: etwa 160 °C (vorgeheizt)
Gas: Stufe 2–3 (vorgeheizt)
Backzeit: etwa 30 Minuten.

5 Die Muffins etwa 10 Minuten in der Form stehen lassen, dann aus der Form lösen und auf einem Kuchenrost erkalten lassen.

6 Nach Belieben zum Bestreichen Orangenmarmelade oder Aprikosenkonfitüre in einem kleinen Topf unter Rühren erwärmen. Die Muffins damit bestreichen, mit Orangeatwürfeln und Orangenfilets garnieren, trocknen lassen.

Aprikosen-Schmand-Muffins
mit Mohnteig

Für Gäste

Für den Schüttelteig:
- 150 g Weizenmehl
- 1 Pck. Saucenpulver Vanille-Geschmack, zum Kochen
- 3 gestr. TL Dr. Oetker Backin
- 125 g Zucker
- 3 Eier (Größe M)
- 125 g zerlassene abgekühlte Butter oder Margarine
- 100 ml Milch
- 50 g Mohnsamen

Für die Belag:
- 250 ml (¼ l) Schlagsahne
- 20 g Zucker
- 1 Pck. Dr. Oetker Sahnesteif
- 100 g Schmand (Sauerrahm, 24 % Fett)

Zum Garnieren:
- 350 g reife aromatische Aprikosen oder 1 kleine Dose Aprikosenhälften (Abtropfgewicht 175 g)
- 100 g quadratische Schokowaffeln (z. B. „Afrika" von Bahlsen)

1 Für den Teig Mehl mit Saucenpulver und Backin mischen, in eine verschließbare Schüssel (3-Liter-Inhalt) sieben, mit Zucker mischen. Eier, Butter oder Margarine und Milch hinzufügen. Schüssel mit dem Deckel fest verschließen.

2 Mehrmals (insgesamt 15–30 Sekunden) kräftig schütteln, so dass alle Zutaten gut vermischt sind. Mohnsamen hinzugeben. Alles mit einem Schneebesen oder Rührlöffel nochmals sorgfältig durchrühren, damit vor allem trockene Zutaten vom Rand mit untergerührt werden.

3 Den Teig in eine Muffinform (für 12 Muffins, gefettet) geben und glatt streichen. Die Form auf dem Rost in den Backofen schieben.

Ober-/Unterhitze: etwa 180 °C (vorgeheizt)
Heißluft: etwa 160 °C (vorgeheizt)
Gas: Stufe 2–3 (vorgeheizt)
Backzeit: etwa 25 Minuten.

4 Die Muffins etwa 10 Minuten in der Form stehen lassen, dann aus der Form lösen und auf einem Kuchenrost erkalten lassen.

5 Für den Belag Sahne mit Zucker und Sahnesteif steif schlagen. Schmand unterheben. Die Muffinoberfläche mit der Schmand-Sahne-Creme bestreichen (restliche Creme dazu reichen).

6 Zum Garnieren Aprikosen waschen, abtrocknen, halbieren, entsteinen oder Aprikosenhälften aus der Dose gut abtropfen lassen. Aprikosenhälften in Spalten schneiden. Die Muffins vor dem Servieren mit Schokowaffeln und Aprikosenspalten garnieren.

Zubereitungszeit:
35 Minuten, ohne Abkühlzeit
Backzeit: etwa 25 Minuten

Insgesamt:
E: 68 g, F: 287 g, Kh: 384 g,
kJ: 18418, kcal: 4384

Cola-Kirsch-Muffins* Einfach

Zum Vorbereiten:
- 1 kleines Glas Sauerkirschen (Abtropfgewicht 155 g)

Für den Schüttelteig:
- 175 g Weizenmehl
- 25 g Kakaopulver
- 2 gestr. TL Dr. Oetker Backin
- 75 g Zucker
- 3 Eier (Größe M)
- 75 ml Speiseöl
- 100 ml Coca-Cola
- 100 ml Buttermilch

Für den Guss:
- 125 g gesiebter Puderzucker
- 1 gestr. TL Kakaopulver
- 2–3 EL Coca-Cola

1 Zum Vorbereiten Sauerkirschen in einem Sieb gut abtropfen lassen.

2 Für den Teig Mehl mit Kakao und Backin mischen, in eine verschließbare Schüssel (3-Liter-Inhalt) sieben, mit Zucker mischen. Eier, Speiseöl, Coca-Cola und Buttermilch hinzufügen. Schüssel mit dem Deckel fest verschließen.

3 Mehrmals (insgesamt 15–30 Sekunden) kräftig schütteln, so dass alle Zutaten gut vermischt sind. Alles mit einem Schneebesen oder Rührlöffel nochmals sorgfältig durchrühren, damit vor allem trockene Zutaten vom Rand mit untergerührt werden.

4 Den Teig in eine Muffinform (für 12 Muffins, gefettet, gemehlt) geben und glatt streichen. Die Form auf dem Rost in den Backofen schieben.

Ober-/Unterhitze: etwa 180 °C (vorgeheizt)
Heißluft: etwa 160 °C (vorgeheizt)
Gas: Stufe 2–3 (vorgeheizt)
Backzeit: etwa 30 Minuten.

5 Die Muffins etwa 10 Minuten in der Form stehen lassen, dann aus der Form lösen und auf einem Kuchenrost erkalten lassen.

6 Für den Guss Puderzucker und Kakao mischen, mit Coca-Cola zu einer dickflüssigen Masse verrühren. Den Guss mit einem Teelöffel auf den Muffins verteilen und mit Kirschen belegen. Guss fest werden lassen.

Tipp:
Muffins schmecken am besten frisch. Anstelle von Coca-Cola können Sie auch Coca-Cola light verwenden. Für Kinder Muffins mit Colafläschchen aus dem Süßwaren-Regal garnieren. Belegen Sie vor dem Backen die Muffins zusätzlich mit einem halben Glas gut abgetropfter Sauerkirschen (Abtropfgewicht 185 g).

* Rezept nicht durch Coca-Cola autorisiert.

Zubereitungszeit:
35 Minuten, ohne Abkühlzeit
Backzeit: etwa 30 Minuten

Insgesamt:
E: 51 g, F: 106 g, Kh: 392 g, kJ: 11406, kcal: 2723

Ananas-Schokoladen-Muffins

Fruchtig

(15 Muffins)

Zum Vorbereiten:

1 Dose Ananasstücke
(Abtropfgewicht 265 g)

Für den Schüttelteig:

350 g Weizenmehl
1 Pck. Dr. Oetker Pudding-Pulver
Vanille-Geschmack
1 Pck. Dr. Oetker Backin
200 g brauner Zucker
4 Eier (Größe M)
200 g zerlassene abgekühlte Butter
oder Margarine
100 ml Buttermilch
75 g gehackte Zartbitterschokolade

Zum Bestreuen:

100 g abgezogene, ganze Mandeln

Außerdem:

30 Papierbackförmchen

1 Zum Vorbereiten Ananasstücke in einem Sieb abtropfen lassen. Ananasstücke nochmals durchschneiden.

2 Für den Teig Mehl mit Pudding-Pulver und Backin mischen, in eine verschließbare Schüssel (3-Liter-Inhalt) sieben, mit Zucker mischen. Eier, Butter oder Margarine und Buttermilch hinzufügen. Schüssel mit dem Deckel fest verschließen.

3 Mehrmals (insgesamt 15–30 Sekunden) kräftig schütteln, so dass alle Zutaten gut vermischt sind. Schokolade und Ananasstücke hinzugeben. Alles mit einem Schneebesen oder Rührlöffel nochmals sorgfältig durchrühren, damit vor allem trockene Zutaten vom Rand mit untergerührt werden.

4 Den Teig in 15 doppelt ineinander gestellte Papierbackförmchen geben und glatt streichen. Mandeln darauf streuen. Die Förmchen auf Backbleche setzen. Die Backbleche nacheinander (bei Heißluft zusammen) in den Backofen schieben.

Ober-/Unterhitze: etwa 180 °C (vorgeheizt)
Heißluft: etwa 160 °C (vorgeheizt)
Gas: Stufe 2–3 (vorgeheizt)
Backzeit: etwa 30 Minuten je Backblech.

5 Die Muffins von den Backblechen nehmen und auf einen Kuchenrost setzen. Muffins erkalten lassen.

Zubereitungszeit:
25 Minuten
Backzeit: etwa 30 Minuten,
je Backblech

Insgesamt:
E: 95 g, F: 274 g, Kh: 572 g,
kJ: 21466, kcal: 5123

Schoko-Marzipan-Muffins

Für Kinder

Für den Schüttelteig:

200 g Weizenmehl
2 gestr. TL Dr. Oetker Backin
20 g Kakaopulver
75 g Zucker
1 Pck. Dr. Oetker Bourbon-Vanille-Zucker
4 Eier (Größe M)
125 ml (⅛ l) Speiseöl
100 ml Schlagsahne
150 g in Würfel geschnittene Marzipan-Rohmasse

Nach Belieben zum Garnieren:

50 g Marzipan-Rohmasse

Zum Bestäuben:

etwas Kakaopulver

1 Für den Teig Mehl mit Backin und Kakao mischen, in eine verschließbare Schüssel (3-Liter-Inhalt) sieben, mit Zucker und Vanillin-Zucker mischen. Eier, Speiseöl und Sahne hinzufügen. Schüssel mit dem Deckel fest verschließen.

2 Mehrmals (insgesamt 15–30 Sekunden) kräftig schütteln, so dass alle Zutaten gut vermischt sind. Marzipanwürfel hinzugeben. Alles mit einem Schneebesen oder Rührlöffel nochmals sorgfältig durchrühren, damit vor allem trockene Zutaten vom Rand mit untergerührt werden.

3 Den Teig in eine Muffinform (für 12 Muffins, gefettet, gemehlt) geben und glatt streichen. Die Form auf dem Rost in den Backofen schieben.

Ober-/Unterhitze: etwa 180 °C (vorgeheizt)
Heißluft: etwa 160 °C (vorgeheizt)
Gas: Stufe 2–3 (vorgeheizt)
Backzeit: etwa 25 Minuten.

4 Die Muffins etwa 10 Minuten in der Form stehen lassen, dann aus der Form lösen und auf einem Kuchenrost erkalten lassen.

5 Nach Belieben zum Garnieren Marzipan-Rohmasse zwischen Klarsichtfolie dünn ausrollen, beliebige Motive ausstechen. Die Muffins mit den Motiven belegen und mit Kakao bestäuben.

Tipp:

Falls keine Muffinform vorhanden ist, kann der Teig auch in zwölf 2-fach ineinander gestellte Papierbackförmchen gefüllt werden. Papierbackförmchen auf ein Backblech geben und bei gleicher Backofeneinstellung backen.

Zubereitungszeit:
15 Minuten, ohne Abkühlzeit
Backzeit: etwa 25 Minuten

Insgesamt:
E: 78 g, F: 248 g, Kh: 294 g,
kJ: 15425, kcal: 3683

Herbe Nougat-Muffins Für Kinder

1 Tasse ≙ 250 ml

Zum Vorbereiten:
- 10 Haselnussschnitten (etwa 200 g)
- ½ Pck. (125 g) Butter

Für den Schüttelteig:
- 1 Tasse (170 g) Weizenmehl
- 2 gestr. TL Dr. Oetker Backin
- gut ½ Tasse (120 g) Zucker
- 1 Pck. Dr. Oetker Vanillin-Zucker
- 3 Eier (Größe M)
- 4 EL Schlagsahne

Für den Belag:
- 20 g gehobelte Haselnusskerne
- ½ Tafel (50 g) Zartbitterschokolade
- ½ Tafel (50 g) Vollmilchschokolade
- 30 g Trockenfrüchte, z. B. Preiselbeeren, Ananas oder Süßkirschen

1 Zum Vorbereiten Haselnussschnitten so teilen, dass Waffeln und Haselnussfüllung (Creme) getrennt sind. Die Hälfte der Waffeln in einen Gefrierbeutel geben, Beutel verschließen. Waffeln mit einer Teigrolle fein zerbröseln. Restliche Waffeln in kleine Stücke brechen. Waffelbrösel und Waffelstückchen beiseite stellen.

2 Die Haselnussfüllung (Creme) mit der Butter in einem kleinen Topf bei schwacher Hitze unter Rühren schmelzen. Topf von der Kochstelle nehmen, Butter-Crememasse lauwarm abkühlen lassen.

3 Für den Teig Mehl mit Backin mischen und in eine verschließbare Schüssel (3-Liter-Inhalt) sieben, mit Zucker und Vanillin-Zucker mischen. Eier, Sahne und die Buttercrememasse hinzufügen. Schüssel mit dem Deckel fest verschließen.

4 Mehrmals (insgesamt 15–30 Sekunden) kräftig schütteln, so dass alle Zutaten gut vermischt sind. Alles mit einem Schneebesen oder Rührlöffel nochmals sorgfältig durchrühren, damit vor allem trockene Zutaten vom Rand mit untergerührt werden.

5 Die beiseite gestellten Waffelbrösel in einer Muffinform (für 12 Muffins, mit Papierbackförmchen ausgelegt) verteilen. Den Teig darauf geben und glatt streichen. Die Form auf dem Rost in den Backofen schieben.

Ober-/Unterhitze: etwa 180 °C (vorgeheizt)
Heißluft: etwa 160 °C (vorgeheizt)
Gas: Stufe 2–3 (vorgeheizt)
Backzeit: etwa 25 Minuten.

6 Die Muffins etwa 10 Minuten in der Form stehen lassen, dann aus der Form heben und auf einem Kuchenrost erkalten lassen.

7 Für den Belag Haselnusskerne in einer Pfanne ohne Fett goldbraun rösten, auf einen Teller geben und abkühlen lassen. Beide Schokoladensorten in Stücke brechen, in einem kleinen Topf im Wasserbad bei schwacher Hitze schmelzen.Trockenfrüchte fein hacken (Blitzhacker) oder klein schneiden.Haselnusskerne, beiseite gestellte Waffelstückchen und Fruchtstückchen zur Schokoladenmasse geben und unterheben. Die Schokoladen-Nuss-Masse mit zwei Löffeln auf den Muffins verteilen und fest werden lassen.

Zubereitungszeit:
30 Minuten, ohne Abkühlzeit
Backzeit: etwa 25 Minuten

Insgesamt:
E: 71 g, F: 250 g, Kh: 427 g,
kJ: 17720, kcal: 4234

Schwarz-Weiß-Muffins Für Kinder

Für den Schüttelteig:

150 g Weizenmehl
3 gestr. TL Dr. Oetker Backin
1 Pck. Dr. Oetker Pudding-Pulver Vanille-Geschmack
125 g Zucker
1 Pck. Dr. Oetker Vanillin-Zucker
4 Eier (Größe M)
150 g zerlassene abgekühlte Butter oder Margarine

1 EL gesiebtes Kakaopulver
1–2 EL Milch

Zum Bestäuben:

Puderzucker

1 Für den Teig Mehl mit Backin und Pudding-Pulver mischen, in eine verschließbare Schüssel (3-Liter-Inhalt) sieben, mit Zucker und Vanillin-Zucker mischen. Eier und Butter oder Margarine hinzufügen. Schüssel mit dem Deckel fest verschließen.

2 Mehrmals (insgesamt 15–30 Sekunden) kräftig schütteln, so dass alle Zutaten gut vermischt sind. Alles mit einem Schneebesen oder Rührlöffel nochmals sorgfältig durchrühren, damit vor allem trockene Zutaten vom Rand mit untergerührt werden.

3 Gut die Hälfte des Teiges in eine Mini-Muffinform (für 12 Muffins, gefettet) geben. Restlichen Teig mit Kakao und Milch verrühren und auf dem hellen Teig verteilen.

4 Die Form auf dem Rost in den Backofen schieben.

Ober-/Unterhitze: etwa 180 °C (vorgeheizt)
Heißluft: etwa 160 °C (vorgeheizt)
Gas: Stufe 2–3 (vorgeheizt)
Backzeit: etwa 25 Minuten.

5 Die Muffins etwa 10 Minuten in der Form stehen lassen, dann aus der Form lösen und auf einem Kuchenrost erkalten lassen. Muffins vor dem Servieren mit Puderzucker bestäuben.

Tipp:

Bestreichen Sie die heißen Muffins mit Erdbeerkonfitüre.

Zubereitungszeit:
15 Minuten, ohne Abkühlzeit
Backzeit: etwa 25 Minuten

Insgesamt:
E: 48 g, F: 159 g, Kh: 286 g,
kJ: 11573, kcal: 2761

Schoko-Spezial-Muffins

Für Gäste

Zum Vorbereiten:

1 Tafel (100 g) Edelbitterschokolade (60 % Kakaoanteil)
120 g Butter

Für den Schüttelteig:

150 g Weizenmehl
2 gestr. TL Dr. Oetker Backin
120 g Zucker
1 Pck. Dr. Oetker Bourbon-Vanille-Zucker
3 Eier (Größe M)
2 EL Milch

Für den Belag:

1 Tafel (100 g) Edelbitterschokolade (60 % Kakaoanteil)
30 g Butter
3 EL Schlagsahne
1 Pck. Dr. Oetker Bourbon-Vanille-Zucker
25 g gehackte Pistazienkerne

Zubereitungszeit: 50 Minuten, ohne Abkühlzeit
Backzeit: 20–25 Minuten

Insgesamt:
E: 60 g, F: 242 g, Kh: 334 g, kJ: 15668, kcal: 3744

1 Zum Vorbereiten Schokolade in Stücke brechen, mit der Butter in einem kleinen Topf bei schwacher Hitze unter Rühren schmelzen, abkühlen lassen.

2 Für den Teig Mehl mit Backin mischen und in eine verschließbare Schüssel (3-Liter-Inhalt) sieben, mit Zucker und Vanille-Zucker mischen. Eier, Milch und die Schokoladen-Butter-Masse hinzufügen. Die Schüssel mit dem Deckel fest verschließen.

3 Mehrmals (insgesamt 15–30 Sekunden) kräftig schütteln, so dass alle Zutaten gut vermischt sind. Alles mit einem Schneebesen oder Rührlöffel nochmals sorgfältig durchrühren, damit vor allem trockene Zutaten vom Rand mit untergerührt werden.

4 Den Teig in eine Muffinform (für 12 Muffins, mit Papierbackförmchen ausgelegt) geben und glatt streichen. Die Form auf dem Rost in den Backofen schieben.

Ober-/Unterhitze: etwa 180 °C (vorgeheizt)
Heißluft: etwa 160 °C (vorgeheizt)
Gas: Stufe 2–3 (vorgeheizt)
Backzeit: 20–25 Minuten.

5 Die Muffins etwa 10 Minuten in der Form stehen lassen, dann aus der Form lösen und auf einem Kuchenrost erkalten lassen.

6 Für den Belag Schokolade in Stücke brechen und in einen Topf geben. Butter, Sahne und Vanille-Zucker hinzufügen. Die Zutaten bei schwacher Hitze unter Rühren zu einer geschmeidigen Masse verrühren, abkühlen lassen. Wenn die Schokoladenmasse weich und sehr dickflüssig geworden ist, Pistazienkerne unterheben. Die Masse mit einem Teelöffel auf den Muffins verteilen, fest werden lassen.

Tipp:

Die Schokoladenmasse für den Belag zusätzlich mit etwas gemahlenem Kardamom oder gemahlenem Zimt würzen.

Tassen-Muffins Einfach

1 Tasse ≙ 150 ml

Für den Schüttelteig:

2 Tassen (200 g) Weizenmehl
2 gestr. TL Dr. Oetker Backin
½ Tasse (70 g) Hartweizengrieß
½ Tasse (90 g) Zucker
2 Pck. Dr. Oetker Vanillin-Zucker
3 Eier (Größe M)
½ Pck. (125 g) zerlassene abgekühlte Butter
4 EL Milch

Für die Füllung:

250 g frisches vorbereitetes Obst (z. B. klein geschnittene Pflaumen, Äpfel, Birnen, Nektarinen, Mangos)

Zum Bestäuben:

Puderzucker

1 Für den Teig Mehl mit Backin mischen, in eine verschließbare Schüssel (3-Liter-Inhalt) sieben, mit Grieß, Zucker und Vanillin-Zucker mischen. Eier und Butter hinzufügen. Schüssel mit dem Deckel fest verschließen.

2 Mehrmals (insgesamt 15–30 Sekunden) kräftig schütteln, so dass alle Zutaten gut vermischt sind. Alles mit einem Schneebesen oder Rührlöffel nochmals sorgfältig durchrühren, damit vor allem trockene Zutaten vom Rand mit untergerührt werden.

3 Die Hälfte des Teiges in 10–12 hitzebeständige (ofenfeste) Tassen (etwa 150 ml, gefettet) füllen. Klein geschnittenes Obst darauf geben, restlichen Teig darauf verteilen. Die Tassen auf dem Rost in den Backofen schieben.

Ober-/Unterhitze: etwa 180 °C (vorgeheizt)
Heißluft: etwa 160 °C (vorgeheizt)
Gas: Stufe 2–3 (vorgeheizt)
Backzeit: 25–30 Minuten.

4 Die Muffins etwa 10 Minuten in den Tassen stehen lassen, dann aus den Tassen lösen und auf einem Kuchenrost erkalten lassen. Muffins vor dem Servieren mit Puderzucker bestäuben.

Tipp:

Bitte verwenden Sie nur einfache Tassen ohne oder mit ofenfestem Dekor. Keine Goldrandtassen oder Tassen, die nach dem Glasieren beklebt oder bemalt wurden.
Sie können die Tassenmuffins auch in einer Muffinform (für 12 Muffins) oder in jeweils 2 ineinander gestellten Papierbackförmchen backen.

Abwandlung (Titelfoto):

Die Muffins zusätzlich mit einem Himbeerguss verzieren. Dafür 100 g vorbereitete Himbeeren mit 50 g Zucker pürieren, durch ein Sieb streichen und in einen kleinen Topf geben. 2 Teelöffel Speisestärke mit 1 Esslöffel Wasser anrühren. Himbeeren unter Rühren zum Kochen bringen. Speisestärke einrühren und nochmals unter Rühren aufkochen lassen. Den Himbeerguss auf den Muffins verteilen und trocknen lassen. Nach Belieben mit Puderzucker bestäuben.

Zubereitungszeit:
20 Minuten, ohne Abkühlzeit
Backzeit: 25–30 Minuten

Insgesamt:
E: 53 g, F: 132 g, Kh: 341 g,
kJ: 11557, kcal: 2759

Muffins mit Schoko-Bits

(Titelfoto)

Für Kinder

Für den Schütteltеig:

- 200 g Weizenmehl
- 75 g Speisestärke
- 2 gestr. TL Dr. Oetker Backin
- 75 g Zucker
- 1 Pck. Dr. Oetker Vanillin-Zucker
- 4 Eier (Größe M)
- 175 g zerlassene abgekühlte Butter oder Margarine
- 100 ml Orangensaft
- 1 Pck. Finesse Orangenfrucht

- 1 Tafel (100 g) Zartbitterschokolade

1 Für den Teig Mehl mit Speisestärke und Backin mischen, in eine verschließbare Schüssel (3-Liter-Inhalt) sieben, mit Zucker und Vanillin-Zucker mischen. Eier, Butter oder Margarine, Orangensaft und -frucht hinzufügen. Schüssel mit dem Deckel fest verschließen.

2 Mehrmals (insgesamt 15–30 Sekunden) kräftig schütteln, so dass alle Zutaten gut vermischt sind. Schokolade grob hacken und zwei Drittel der Schokolade hinzugeben. Die Zutaten mit einem Schneebesen oder Rührlöffel nochmals sorgfältig durchrühren, damit vor allem trockene Zutaten vom Rand mit untergerührt werden.

3 Den Teig in eine Muffinform (für 12 Muffins, gefettet) geben und glatt streichen. Restliche Schokoladenstückchen darauf streuen. Die Form auf dem Rost in den Backofen schieben.

Ober-/Unterhitze: etwa 180 °C (vorgeheizt)
Heißluft: etwa 160 °C (vorgeheizt)
Gas: Stufe 2–3 (vorgeheizt)
Backzeit: 25–30 Minuten.

4 Die Muffins etwa 10 Minuten in der Form stehen lassen, dann aus der Form lösen und auf einem Kuchenrost erkalten lassen.

Tipp:

Nach Belieben können auch Papierbackförmchen in die Vertiefungen der Muffinform gestellt werden. Muffins vor dem Backen mit abgezogenen, gestiftelten Mandeln bestreuen.
Die Muffins schmecken frisch am besten. Bei späterem Verzehr die Muffins vorher kurz im Backofen oder in der Mikrowelle erwärmen. Wenn keine Muffinform vorhanden ist, kann der Teig auch in 2-fach ineinander gestellte Papierbackförmchen gefüllt werden, dann die Förmchen auf ein Backblech setzen, das Backblech in den Backofen schieben und die Muffins fertig backen.

Zubereitungszeit:
10 Minuten, ohne Abkühlzeit
Backzeit: 25–30 Minuten

Insgesamt:
E: 59 g, F: 209 g, Kh: 350 g,
kJ: 14717, kcal: 3513

Buttermilch-Streusel-Muffins

Einfach

Für die Streusel:

100 g Löffelbiskuits
1 gestr. EL Kakaopulver
2 gestr. EL brauner Zucker
50 g Butterschmalz

Für den Schüttelteig:

100 g Weizenmehl
2 gestr. TL Dr. Oetker Backin
120 g Zucker
1 Pck. Dr. Oetker Vanillin-Zucker
100 g Hartweizengrieß
2 Eier (Größe M)
70 g zerlassenes abgekühltes Butterschmalz
200 ml Buttermilch

1 Für die Streusel Löffelbiskuits in einen Gefrierbeutel geben, Beutel verschließen. Löffelbiskuits mit einer Teigrolle fein zerbröseln und in eine Rührschüssel geben. Kakao, Zucker und Butterschmalz hinzufügen. Die Zutaten zu Streusel verarbeiten. Die Hälfte der Streusel in eine Muffinform (für 12 Muffins, gefettet) geben. Restliche Streusel beiseite stellen.

2 Für den Teig Mehl mit Backin mischen und in eine verschließbare Schüssel (3-Liter-Inhalt) sieben, mit Zucker und Vanillin-Zucker mischen. Grieß, Eier, Butterschmalz und Buttermilch hinzufügen. Die Schüssel mit dem Deckel fest verschließen.

3 Mehrmals (insgesamt 15–30 Sekunden) kräftig schütteln, so dass alle Zutaten gut vermischt sind. Alles mit einem Schneebesen oder Rührlöffel nochmals sorgfältig durchrühren, damit vor allem trockene Zutaten vom Rand mit untergerührt werden.

4 Den Teig auf den Streuseln in der Muffinform verteilen. Beiseite gestellte Streusel darauf streuen. Die Form auf dem Rost in den Backofen schieben.

Ober-/Unterhitze: etwa 180 °C (vorgeheizt)
Heißluft: etwa 160 °C (vorgeheizt)
Gas: Stufe 2–3 (vorgeheizt)
Backzeit: 25–30 Minuten.

5 Die Muffins etwa 10 Minuten in der Form stehen lassen, dann aus der Form lösen und auf einem Kuchenrost erkalten lassen.

Zubereitungszeit: 15 Minuten
Backzeit: 25–30 Minuten

Insgesamt:
E: 54 g, F: 148 g, Kh: 370 g, kJ: 12641, kcal: 3019

Muffins mit Nüssen und Mandeln

*Coca-Cola-Erdnuss-Muffins** | Raffiniert

Für den Schüttelteig:
- 150 g Weizenmehl
- 3 gestr. TL Dr. Oetker Backin
- 30 g Kakaopulver
- 150 g feinster Zucker
- 2 Eier (Größe M)
- 100 g zerlassene abgekühlte Butter oder Margarine
- 125 ml (⅛ l) Coca-Cola
- 50 g gehackte ungesalzene Erdnusskerne

Für den Guss:
- 100 g gesiebter Puderzucker
- 15 g Kakaopulver
- 3–4 EL Coca-Cola

Zum Bestreuen:
- 50 g gehackte ungesalzene Erdnusskerne

Zubereitungszeit: 20 Minuten, ohne Abkühlzeit
Backzeit: 25–30 Minuten

Insgesamt:
E: 65 g, F: 162 g, Kh: 391 g, kJ: 13684, kcal: 3268

1 Für den Teig Mehl mit Backin und Kakao mischen, in eine verschließbare Schüssel (3-Liter-Inhalt) sieben, mit Zucker mischen. Eier, Butter oder Margarine und Coca-Cola hinzufügen. Schüssel mit dem Deckel fest verschließen.

2 Mehrmals (insgesamt 15–30 Sekunden) kräftig schütteln, so dass alle Zutaten gut vermischt sind, Erdnusskerne hinzugeben. Alles mit einem Schneebesen oder Rührlöffel nochmals sorgfältig durchrühren, damit vor allem trockene Zutaten vom Rand mit untergerührt werden.

3 Den Teig in eine Muffinform (für 12 Muffins, gefettet) geben und glatt streichen. Die Form auf dem Rost in den Backofen schieben.

Ober-/Unterhitze: etwa 180 °C (vorgeheizt)
Heißluft: etwa 160 °C (vorgeheizt)
Gas: Stufe 2–3 (vorgeheizt)
Backzeit: 25–30 Minuten.

4 Die Muffins etwa 10 Minuten in der Form stehen lassen, dann aus der Form lösen und auf einem Kuchenrost erkalten lassen.

5 Für den Guss Puderzucker und Kakao mischen, mit Coca-Cola zu einer dickflüssigen Masse verrühren. Die Muffins mit dem Guss bestreichen und mit Erdnusskernen bestreuen. Guss trocknen lassen.

Tipp:
Muffins lassen sich gut verpackt 3–4 Tage aufbewahren.

* Rezept nicht durch Coca-Cola autorisiert.

Erdnuss-Grieß-Muffins

Raffiniert

(18 Muffins)

Zum Vorbereiten:

180 g Butter oder Margarine
150 g stückige Erdnusscreme
100 g flüssiger Honig
3 Mister Tom (Erdnussriegel)

Für den Schüttelteig:

100 g Hartweizengrieß
100 g gesiebtes Weizenmehl
4 gestr. TL Dr. Oetker Backin
80 g brauner Zucker
4 Eier (Größe M)
200 ml Milch

Zum Bestreichen:

1 EL flüssiger Honig

Zum Bestreuen:

1 Mister Tom (Erdnussriegel)

Zum Bestäuben:

Puderzucker

1 Zum Vorbereiten Butter oder Margarine, Erdnusscreme und Honig in einem Topf unter Rühren schmelzen. Die Masse abkühlen lassen. Erdnussriegel fein hacken.

2 Für den Teig Grieß mit Mehl und Backin mischen, in eine verschließbare Schüssel (3-Liter-Inhalt) geben, mit Zucker mischen. Eier, Fett-Honig-Erdnuss-Masse und Milch hinzufügen. Schüssel mit dem Deckel fest verschließen.

3 Mehrmals (insgesamt 15–30 Sekunden) kräftig schütteln, so dass alle Zutaten gut vermischt sind. Alles mit einem Schneebesen oder Rührlöffel nochmals sorgfältig durchrühren, damit vor allem trockene Zutaten vom Rand mit untergerührt werden, dabei die gehackten Erdnussriegelstücke mit unterrühren.

4 Den Teig in 2 Muffinformen (1 Form für 12 Muffins, 1 Form für 6 Muffins, gefettet) geben und glatt streichen. Die Formen nacheinander (bei Heißluft zusammen) auf dem Rost in den Backofen schieben.

Ober-/Unterhitze: etwa 180 °C (vorgeheizt)
Heißluft: etwa 160 °C (vorgeheizt)
Gas: Stufe 2–3 (vorgeheizt)
Backzeit: etwa 25 Minuten je Form.
(Vorsicht, die Muffins werden sehr schnell von unten dunkel !)

5 Die Muffins etwa 10 Minuten in den Formen stehen lassen, dann aus den Formen lösen und auf einem Kuchenrost erkalten lassen.

6 Die Muffinoberfläche mit Honig bestreichen, dabei einen 2 cm breiten Rand frei lassen. Erdnussriegel hacken und auf die mit Honig bestrichene Muffinoberfläche streuen. Den frei gelassenen Rand mit Puderzucker bestäuben.

Zubereitungszeit:
45 Minuten, ohne Abkühlzeit
Backzeit: etwa 25 Minuten je Form

Insgesamt:
E: 111 g, F: 331 g, Kh: 404 g,
kJ: 21009, kcal: 5028

Konfetti-Muffins

Für Kinder

1 Tasse ≙ 200 ml

Für den Rührteig:

- ½ Pck. (100 g) Marzipan-Rohmasse
- ½ Pck. (125 g) Butter oder Margarine
- ½ Tasse (75 g) Zucker
- 1 Pck. Dr. Oetker Vanillin-Zucker
- 1 Prise Salz
- 4 Eier (Größe M)
- 1½ Tassen (150 g) Weizenmehl
- 1 gestr. TL Dr. Oetker Backin
- 1 Tasse (150 g) Mini-Schokolinsen, z. B. M & M´s Minis

1 Für den Teig Marzipan klein schneiden. Butter oder Margarine mit den Marzipanstücken in einer Rührschüssel mit Handrührgerät mit Rührbesen auf höchster Stufe geschmeidig rühren. Nach und nach Zucker, Vanillin-Zucker und Salz unterrühren. So lange rühren, bis eine gebundene Masse entstanden ist.

2 Eier nach und nach unterrühren (jedes Ei etwa ½ Minute). Mehl und Backin mischen, sieben, in 2 Portionen kurz auf mittlerer Stufe unterrühren. Schokolinsen kurz unterheben.

3 Den Teig in eine Muffinform (für 12 Muffins, gefettet, gemehlt) geben und glatt streichen. Die Form auf dem Rost in den Backofen stellen.

Ober-/Unterhitze: etwa 180 °C (vorgeheizt)
Heißluft: etwa 160 °C (vorgeheizt)
Gas: Stufe 2–3 (vorgeheizt)
Backzeit: etwa 25 Minuten.

4 Die Muffins etwa 10 Minuten in der Form stehen lassen, dann aus der Form lösen und auf einem Kuchenrost erkalten lassen.

Tipp:

Für eine lustig bunte Variante die Muffins nach dem Erkalten mit etwa 100 g aufgelöster Kuvertüre bestreichen und einige ganze Schokolinsen auflegen.
Man kann auch Schokolinsen in normaler Größe nehmen und sie etwas kleiner hacken, damit sie nicht im Teig versinken. Statt Muffinform können auch Papierbackförmchen verwendet werden. Dafür jeweils 2 Förmchen ineinander stellen, auf ein Backblech stellen und den Teig hineingeben. Wer es knackiger mag, kann zusätzlich 50 g gehackte Mandeln unter den Teig rühren.

Zubereitungszeit:
15 Minuten, ohne Abkühlzeit
Backzeit: etwa 25 Minuten

Insgesamt:
E: 64 g, F: 195 g, Kh: 341 g, kJ: 14087, kcal: 3360

Möhren-Muffins

Raffiniert

Zum Vorbereiten:
- 150 g Möhren
- 50 g Florentiner (Mandelkrokantgebäck)

Für den Schüttelteig:
- 150 g Weizenmehl
- 2 gestr. TL Dr. Oetker Backin
- 50 g abgezogene, gemahlene Mandeln
- 120 g Zucker
- 1 Pck. Dr. Oetker Vanillin-Zucker
- 3 Eier (Größe M)
- 120 g zerlassene abgekühlte Butter

Für Belag und Guss:
- 1 Möhre (70 g)
- 1 EL Zitronensaft
- 70 g gesiebter Puderzucker

Zum Garnieren:
- 50 g Florentiner

1 Zum Vorbereiten Möhren putzen, schälen, abspülen und trockentupfen. Möhren auf einer Haushaltsreibe fein reiben. Florentiner hacken (Blitzhacker) oder mit einem Messer in kleine Stücke schneiden.

2 Für den Teig Mehl mit Backin mischen und in eine verschließbare Schüssel (3-Liter-Inhalt) sieben, mit Mandeln, Zucker und Vanillin-Zucker mischen. Eier und Butter oder Margarine hinzufügen. Die Schüssel mit dem Deckel fest verschließen.

3 Mehrmals (insgesamt 15–30 Sekunden) kräftig schütteln, so dass alle Zutaten gut vermischt sind. Fein geriebene Möhren und Florentinerstückchen hinzufügen. Alles mit einem Schneebesen oder Rührlöffel nochmals sorgfältig durchrühren, damit vor allem trockene Zutaten vom Rand mit untergerührt werden.

4 Den Teig in eine Muffinform (für 12 Muffins, gefettet) geben und glatt streichen. Die Form auf dem Rost in den Backofen schieben.

Ober-/Unterhitze: etwa 180 °C (vorgeheizt)
Heißluft: etwa 160 °C (vorgeheizt)
Gas: Stufe 2–3 (vorgeheizt)
Backzeit: 25–30 Minuten.

5 Die Muffins etwa 10 Minuten in der Form stehen lassen, dann aus der Form lösen und auf einem Kuchenrost erkalten lassen.

6 Für Belag und Guss Möhre putzen, schälen, abspülen, trockentupfen und in sehr feine Streifen schneiden. Zitronensaft und Puderzucker zu einer dickflüssigen Masse verrühren. Den Guss auf die Muffins streichen, mit Möhrenstreifen und in Stücke gebrochenen Florentinern garnieren. Guss fest werden lassen.

Zubereitungszeit:
20 Minuten, ohne Abkühlzeit
Backzeit: 25–30 Minuten

Insgesamt:
E: 59 g, F: 189 g, Kh: 361 g,
kJ: 14101, kcal: 3370

Amaretto-Pflaumen-Muffins

Dauert länger – mit Alkohol

Zum Vorbereiten:

150 g Pflaumen aus dem Glas (Abtropfgewicht 395 g)

Für den Schüttelteig:

150 g Weizenmehl
2 gestr. TL Dr. Oetker Backin
75 g Zucker
1 Pck. Dr. Oetker Vanillin-Zucker
3 Eier (Größe M)
75 ml Speiseöl
50 ml Amaretto (Mandellikör)
50 g abgezogene, gemahlene Mandeln

Für die Form:

50 g abgezogene, gemahlene Mandeln

Zum Verzieren und Garnieren:

200 ml Schlagsahne
1 Pck. Dr. Oetker Vanillin-Zucker
einige abgetropfte Pflaumen

1 Zum Vorbereiten Pflaumen in einem Sieb gut abtropfen lassen.

2 Für den Teig Mehl mit Backin mischen, in eine verschließbare Schüssel (3-Liter-Inhalt) sieben, mit Zucker und Vanillin-Zucker mischen. Eier, Speiseöl und Amaretto hinzufügen. Schüssel mit dem Deckel fest verschließen.

3 Mehrmals (insgesamt 15–30 Sekunden) kräftig schütteln, so dass alle Zutaten gut vermischt sind, Mandeln hinzugeben. Alles mit einem Schneebesen oder Rührlöffel nochmals sorgfältig durchrühren, damit vor allem trockene Zutaten vom Rand mit untergerührt werden.

4 Den Teig in eine Muffinform (für 12 Muffins, gefettet, mit Mandeln ausgestreut) geben und glatt streichen.

5 Pflaumen klein schneiden und auf dem Teig verteilen. Die Form auf dem Rost in den Backofen schieben.

Ober- /Unterhitze: etwa 180 °C (vorgeheizt)
Heißluft: etwa 160 °C (vorgeheizt)
Gas: Stufe 2–3 (vorgeheizt)
Backzeit: etwa 30 Minuten.

6 Die Muffins etwa 10 Minuten in der Form stehen lassen, dann aus der Form lösen und auf einem Kuchenrost erkalten lassen.

7 Zum Verzieren und Garnieren Sahne mit Vanillin-Zucker steif schlagen und in einen Spritzbeutel mit großer Sterntülle füllen. Jeweils einen großen Tuff auf die Muffins spritzen und mit Pflaumen garnieren.

Tipp:

Muffins schmecken am besten frisch. Statt Pflaumen können auch Aprikosenhälften aus der Dose verwendet werden. Statt mit Sahne können die Muffins auch mit einem Klecks aufgelöster Kuvertüre verziert werden. Der Teig kann zusätzlich mit etwas gemahlenem Zimt oder 3 Tropfen Bittermandel-Aroma verfeinert werden.

Zubereitungszeit: 40 Minuten, ohne Abkühlzeit
Backzeit: etwa 30 Minuten

Insgesamt:
E: 62 g, F: 216 g, Kh: 273 g,
kJ: 14127, kcal: 3374

Möhren-Pistazien-Muffins

Raffiniert – saftig

1 Tasse ≙ 150 ml

Für den Teig:

- 1 EL (20 g) gesiebtes Weizenmehl
- 1 gestr. TL Dr. Oetker Backin
- 1½ Tassen (80 g) abgezogene, gemahlene Mandeln
- ¾ Tasse (50 g) gehackte Pistazienkerne
- 2 Eiweiß (Größe M)
- 2 Eigelb (Größe M)
- 1 EL heißes Wasser
- ½ TL gemahlener Zimt
- 1 Pck. Dr. Oetker Bourbon-Vanille-Zucker
- ½ Tasse (75 g) Zucker oder Honig
- 1½ Tassen (125 g) fein geriebene Möhren

Zum Verzieren und Garnieren:

- 200–250 ml Schlagsahne
- 1 Pck. Dr. Oetker Sahnesteif
- 1 TL Zucker
- 3 EL Aprikosenkonfitüre
- 1 EL gehackte Pistazienkerne

1 Für den Teig Mehl mit Backin mischen, Mandeln und Pistazienkerne untermischen.

2 Eiweiß steif schlagen. Eigelb mit Wasser, Zimt und Vanille-Zucker mit Handrührgerät mit Rührbesen auf höchster Stufe in 1 Minute schaumig schlagen. Zucker oder Honig portionsweise unterschlagen, dann noch weitere etwa 2 Minuten schlagen.

3 Eischnee und das Mehl-Mandel-Gemisch unterheben. Geriebene Möhren mit einem Teigschaber unterheben.

4 Den Teig in eine Muffinform (für 12 Muffins, mit Papierbackförmchen ausgelegt) geben und glatt streichen. Die Form auf dem Rost in den Backofen schieben.

Ober-/Unterhitze: etwa 180 °C (vorgeheizt)
Heißluft: etwa 160 °C (vorgeheizt)
Gas: Stufe 2–3 (vorgeheizt)
Backzeit: 20–25 Minuten.

5 Muffins etwa 10 Minuten in der Form stehen lassen, dann aus den Formen heben und auf einem Kuchenrost erkalten lassen.

6 Zum Verzieren und Garnieren Sahne mit Sahnesteif und Zucker steif schlagen. Die Sahne mit 2 Teelöffeln auf den Muffins verteilen. Konfitüre durch ein Sieb streichen, auf die Sahne träufeln, Pistazienkerne darauf streuen. Die Muffins bis zum Verzehr kalt stellen.

Tipp:

Zu Ostern die Muffins mit Schokohasen oder -eiern garnieren.

Zubereitungszeit:
etwa 40 Minuten, ohne Abkühlzeit
Backzeit: 20–25 Minuten

Insgesamt:
E: 50 g, F: 162 g, Kh: 186 g,
kJ: 10022, kcal: 2393

Erdnuss-Bananen-Muffins | Für Kinder

1 Tasse ≙ 150 ml

Für den Teig:

1 große Banane
2 EL Zitronensaft
1 Tasse (160 g) Erdnusscreme
⅓ Tasse (50 g) brauner Zucker
2 Eier (Größe M)
2 ½ Tassen (250 g) Weizenmehl
2 gestr. TL Dr. Oetker Backin
½ gestr. TL Natron
knapp 1 Tasse (125 ml [⅛ l]) Speiseöl
knapp 1 Tasse (125 ml [⅛ l]) Buttermilch

1 Für den Teig Banane schälen, in kleine Würfel schneiden oder mit einer Gabel zerdrücken, mit Zitronensaft beträufeln.

2 Erdnusscreme, Zucker und Eier mit Handrührgerät mit Rührbesen zu einer geschmeidigen Masse verrühren.

3 Mehl mit Backin und Natron mischen, sieben und hinzufügen. Speiseöl und Buttermilch hinzugießen und schnell zu einem glatten Teig verrühren. Bananenwürfel oder -mus unterrühren.

4 Den Teig in eine Muffinform (für 12 Muffins, gefettet) geben und glatt streichen. Die Form auf dem Rost in den Backofen schieben.

Ober-/Unterhitze: etwa 180 °C (vorgeheizt)
Heißluft: etwa 160 °C (vorgeheizt)
Gas: Stufe 3–4 (vorgeheizt)
Backzeit: 25–30 Minuten.

5 Die Muffins etwa 10 Minuten in der Form stehen lassen, dann aus der Form lösen und auf einem Kuchenrost erkalten lassen.

Tipp:
Die erkalteten Muffins mit Schokoladenglasur bestreichen und mit gehackten Erdnusskernen bestreuen. Die Muffins schmecken auch am nächsten Tag noch gut.

Zubereitungszeit:
20 Minuten, ohne Abkühlzeit
Backzeit: 25–30 Minuten

Insgesamt:
E: 78 g, F: 240 g, Kh: 280 g,
kJ: 14696, kcal: 3521

Käse-Zimt-Muffins Raffiniert

Zum Vorbereiten:
75 g dünne belgische Butterwaffeln
2 Becher (je 250 g) Speisequark (20 % Fett)

Für den Schüttelteig:
½ Becher (100 g) Zucker
1 Pck. Dr. Oetker Vanillin-Zucker
1 gestr. TL gemahlener Zimt
1 gestr. TL Dr. Oetker Backin
½ Becher (100 g) Hartweizengrieß
2 Eier (Größe M)
¾ Pck. (etwa 187 g) zerlassene abgekühlte Butter

Für den Belag:
4 gestr. EL (100 g) Kirschkonfitüre
25 g dünne belgische Butterwaffeln

Zubereitungszeit: 20 Minuten
Backzeit: etwa 25 Minuten

Insgesamt:
E: 94 g, F: 218 g, Kh: 325 g, kJ: 15348, kcal: 3664

1 Zum Vorbereiten Waffeln in einen Gefrierbeutel geben, Beutel verschließen. Waffeln mit einer Teigrolle fein zerbröseln und beiseite stellen. Quark in eine verschließbare Schüssel (3-Liter-Inhalt) geben. Einen Becher auswaschen, abtrocknen und zum Abmessen verwenden. Zucker mit Vanillin-Zucker, Zimt und Backin mischen, zum Quark in die verschließbare Schüssel geben. Grieß, Eier und Butter hinzufügen. Schüssel mit dem Deckel fest verschließen.

2 Mehrmals (insgesamt 15–30 Sekunden) kräftig schütteln, so dass alle Zutaten gut vermischt sind. Alles mit einem Schneebesen oder Rührlöffel nochmals sorgfältig durchrühren, damit vor allem trockene Zutaten vom Rand mit untergerührt werden.

3 Eine Muffinform (für 12 Muffins, gefettet, mit Papierbackförmchen ausgelegt) mit den beiseite gestellten Waffelbröseln ausstreuen. Den Teig darauf geben und glatt streichen. Die Form auf dem Rost in den Backofen schieben.

Ober-/Unterhitze: etwa 180 °C (vorgeheizt)
Heißluft: etwa 160 °C (vorgeheizt)
Gas: Stufe 2–3 (vorgeheizt)
Backzeit: 25 Minuten.

4 Die Muffins etwa 10 Minuten in der Form stehen lassen, dann aus der Form nehmen und auf einem Kuchenrost erkalten lassen.

5 Für den Belag Konfitüre in einem kleinen Topf unter Rühren aufkochen, die Muffins damit bestreichen, trocknen lassen. Die Waffeln mit einem Sägemesser in Stücke schneiden und in die Muffins stecken.

Tipp:
Die Muffins lauwarm mit Kirschkompott servieren.

Knusper-Whisky-Muffins

Gut vorzubereiten – mit Alkohol

(12 große und 6 kleine Muffins)
1 Tasse ≙ 250 ml

Für den Schüttelteig:

- gut 1½ Tassen (255 g) Weizenmehl
- 3 gestr. TL Dr. Oetker Backin
- 1 Tasse (220 g) Zucker
- 1 Pck. Dr. Oetker Vanillin-Zucker
- 2 Eier (Größe M)
- 1 Tasse (250 ml) Buttermilch
- 4 EL Scotch Whisky
- ½ Pck. (125 g) zerlassene abgekühlte Butter oder Margarine
- 1 Pck. (100 g) Karamell-Kugeln, z. B. von Daim

Zum Bestäuben:

- 2 EL Puderzucker

1 Für den Teig Mehl mit Backin mischen, in eine verschließbare Schüssel (3-Liter-Inhalt) sieben, mit Zucker und Vanillin-Zucker mischen. Eier, Buttermilch, Whisky und Butter oder Margarine hinzufügen. Schüssel mit dem Deckel fest verschließen.

2 Mehrmals (insgesamt 15–30 Sekunden) kräftig schütteln, so dass alle Zutaten gut vermischt sind. Karamell-Kugeln hinzugeben. Alles mit einem Schneebesen oder Rührlöffel nochmals sorgfältig durchrühren, damit vor allem trockene Zutaten vom Rand mit untergerührt werden.

3 Den Teig in eine große und eine kleine Muffinform (große Muffinform für 12 Muffins, kleine Muffinform für 6 Muffins, mit Papierbackförmchen ausgelegt) füllen. Die Formen auf dem Rost in den Backofen schieben.

Ober-/Unterhitze: etwa 180 °C (vorgeheizt)
Heißluft: etwa 160 °C (vorgeheizt)
Gas: Stufe 2–3 (vorgeheizt)
Backzeit: 25–30 Minuten.

4 Die Muffins etwa 10 Minuten in den Formen stehen lassen, dann aus den Formen nehmen und auf einem Kuchenrost erkalten lassen. Muffins mit Puderzucker bestäuben.

Tipp:

Die Muffins können auch in zweifach ineinander gestellten Papierbackförmchen gebacken werden. Anstelle von Karamell-Kugeln kann auch 1 Päckchen (200 g) Rosinen in feiner Vollmilchschokolade verwendet werden.

Zubereitungszeit:
30 Minuten, ohne Abkühlzeit
Backzeit: 25–30 Minuten

Insgesamt:
E: 54 g, F: 152 g, Kh: 501 g,
kJ: 15500, kcal: 3704

Haferflocken-Honig-Muffins

Einfach – schnell

1 Tasse ≙ 200 ml

Für den All-in-Teig:

2 ½ Tassen (250 g) Weizenmehl
3 gestr. TL Dr. Oetker Backin
1 Tasse (etwa 75 g) gesiebter Puderzucker
3 EL füssiger Honig
2 Eier (Größe M)
½ Tasse (100 ml) Speiseöl
75 ml Schlagsahne
1 ½ Tassen (100 g) Haferflocken (blütenzart)

Zum Bestreuen:

1 ½ EL (25 g) Haferflocken (blütenzart)

1 Für den Teig Mehl mit Backin mischen und in eine Rührschüssel sieben. Puderzucker, Honig, Eier, Speiseöl und Sahne hinzufügen.

2 Die Zutaten mit Handrührgerät mit Rührbesen zunächst kurz auf niedrigster, dann auf höchster Stufe in etwa 2 Minuten zu einem glatten Teig verarbeiten. Haferflocken unterheben.

3 Den Teig in eine Muffinform (für 12 Muffins, gefettet, gemehlt) geben, glatt streichen und mit Haferflocken bestreuen. Die Form auf dem Rost in den Backofen schieben.

Ober-/Unterhitze: etwa 180 °C (vorgeheizt)
Heißluft: etwa 160 °C (vorgeheizt)
Gas: Stufe 2–3 (vorgeheizt)
Backzeit: etwa 25 Minuten.

4 Die Muffins etwa 10 Minuten in der Form stehen lassen, dann aus der Form lösen und auf einem Kuchenrost erkalten lassen.

Tipp:

Die Haferflocken können auch zur Hälfte durch Sesamsamen ersetzt werden. Sie können die Muffins noch heiß mit Orangensaft tränken. Dafür die heißen Muffins mit einem Holzstäbchen mehrmals einstechen und mit einem Esslöffel etwa 100 ml Orangensaft darauf verteilen.

Zubereitungszeit:
15 Minuten, ohne Abkühlzeit
Backzeit: etwa 25 Minuten

Insgesamt:
E: 60 g, F: 151 g, Kh: 378 g,
kJ: 12962, kcal: 3091

Mohn-Muffins

Für Gäste

1 Tasse ≙ 200 ml

Für den Rührteig:

- ½ Pck. (125 g) Butter oder Margarine
- 1 Tasse (150 g) brauner Zucker (Rohrzucker)
- 1 Pck. Dr. Oetker Finesse Natürliches Rum-Aroma
- 3 Eier (Größe M)
- 2 Tassen (200 g) Weizenmehl
- 3 gestr. TL Dr. Oetker Backin
- 6 EL Milch oder Schlagsahne
- 3 EL (30 g) Mohnsamen

Für den Guss:

- 1 Tasse (etwa 75 g) gesiebter Puderzucker
- 1-2 EL Wasser

1 Für den Teig Butter oder Margarine mit Handrührgerät mit Rührbesen auf höchster Stufe geschmeidig rühren. Nach und nach Zucker und Aroma unterrühren. So lange rühren, bis eine gebundene Masse entstanden ist.

Sahne + Milch ?

2 Eier nach und nach unterrühren (jedes Ei etwa ½ Minute). Mehl mit Backin mischen, sieben und in 2 Portionen auf mittlerer Stufe unterrühren. Mohn (1–2 Esslöffel Mohn für den Guss beiseite stellen) hinzufügen.

3 Den Teig in eine Muffinform (für 12 Muffins, gefettet, gemehlt) geben und glatt streichen.

Ober-/Unterhitze: etwa 180 °C (vorgeheizt)
Heißluft: etwa 160 °C (vorgeheizt)
Gas: Stufe 2–3 (vorgeheizt)
Backzeit: etwa 25 Minuten.

4 Die Muffins etwa 10 Minuten in der Form stehen lassen, dann aus der Form lösen und auf einem Kuchenrost erkalten lassen.

5 Für den Guss Puderzucker mit Wasser zu einer dickflüssigen Masse verrühren, beiseite gestellten Mohn unterrühren. Die Muffins damit bestreichen. Guss trocknen lassen.

Tipp:

Muffins lassen sich gut einfrieren. Ein feines Aroma bekommen die Muffins, wenn man dem Teig 2 Esslöffel Rum hinzufügt und den Guss statt mit Wasser mit Rum anrührt.

Zubereitungszeit: etwa 15 Minuten, ohne Abkühlzeit
Backzeit: etwa 25 Minuten

Insgesamt:
E: 53 g, F: 154 g, Kh: 369 g, kJ: 12839, kcal: 3066

Energie-Muffins

Raffiniert

Für den Schüttelteig:

- ½ Pck. (75 g) Erdnusskerne im Honigmantel, z. B. von Ültje
- 150 g Weizenmehl
- 2 gestr. TL Dr. Oetker Backin
- 100 g Zucker
- 3 Eier (Größe M)
- 120 g zerlassene abgekühlte Butter oder Margarine
- 70 g Ovomaltine (malzhaltiges Getränkepulver)
- 6 EL Milch

Für den Belag:

- 12 Stück Vollmilchschokolade (etwa 100 g)

- einige Erdnusskerne im Honigmantel

Außerdem:

- 12 Papierbackförmchen

Zubereitungszeit: 15 Minuten, ohne Abkühlzeit
Backzeit: 25–30 Minuten

Insgesamt:
E: 72 g, F: 189 g, Kh: 364 g, kJ: 14336, kcal: 3424

1 Für den Teig Erdnusskerne hacken. Mehl mit Backin mischen und in eine verschließbare Schüssel (3-Liter-Inhalt) sieben, mit Zucker mischen. Eier, Butter oder Margarine, Ovomaltine und Milch hinzufügen. Schüssel mit dem Deckel fest verschließen.

2 Mehrmals (insgesamt 15–30 Sekunden) kräftig schütteln, so dass alle Zutaten gut vermischt sind. Erdnussstückchen hinzugeben. Alles mit einem Schneebesen oder Rührlöffel nochmals sorgfältig durchrühren, damit vor allem trockene Zutaten vom Rand mit untergerührt werden.

3 Den Teig in eine Muffinform (für 12 Muffins, mit Papierbackförmchen ausgelegt) geben und glatt streichen. Die Form auf dem Rost in den Backofen schieben.

Ober-/Unterhitze: etwa 200 °C (vorgeheizt)
Heißluft: etwa 180 °C (vorgeheizt)
Gas: Stufe 3–4 (vorgeheizt)
Backzeit: 25–30 Minuten.

4 Die Form auf einen Kuchenrost stellen. Die heißen Muffins mit je einem Stück Schokolade belegen und leicht eindrücken. Erdnusskerne in die weiche Schokolade drücken. Muffins mit den Papierbackförmchen aus den Formen heben und auf einem Kuchenrost erkalten lassen.

Earl-Grey-Muffins

Zum Tee – für Gäste

1 Tasse ≙ 250 ml

Zum Vorbereiten:

⅓ Tasse (etwa 85 ml) Wasser
2 gestr. EL Earl-Grey-Tee oder 3 Teebeutel Earl-Grey-Tee

Für den Rührteig:

½ Pck. (125 g) Butter oder Margarine
½ Tasse (110 g) Zucker
1 Pck. Dr. Oetker Bourbon-Vanille-Zucker
2 Eier (Größe M)
1 Tasse (170 g) Weizenmehl
1 gestr. TL Dr. Oetker Backin

Für den Belag:

1 Dose Mandarinen (Abtropfgewicht 175 g)
2 Eiweiß (Größe M)
¼ Tasse (55 g) Zucker
½ Tasse (50 g) abgezogene, gemahlene Mandeln

Zum Bestäuben:

Puderzucker

1 Zum Vorbereiten Wasser zum Kochen bringen und auf den Tee gießen. Den Tee 5 Minuten ziehen lassen, durch ein Sieb gießen, ausdrücken. Tee erkalten lassen.

2 Für den Teig Butter oder Margarine mit Handrührgerät mit Rührbesen auf höchster Stufe geschmeidig rühren. Nach und nach Zucker und Vanille-Zucker unterrühren. So lange rühren, bis eine gebundene Masse entstanden ist.

3 Eier nach und nach unterrühren (jedes Ei etwa ½ Minute). Mehl und Backin mischen, sieben, abwechselnd mit dem Tee in 2 Portionen auf mittlerer Stufe unterrühren.

4 Den Teig so in einer Muffinform (für 12 Muffins, gefettet, gemehlt) verteilen, dass die Förmchen zur Hälfte mit dem Teig gefüllt sind.

5 Für den Belag Mandarinen in einem Sieb gut abtropfen lassen. Eiweiß sehr steif schlagen, Zucker nach und nach kurz unterschlagen. Mandeln unterheben. Mandarinen auf dem Teig verteilen. Eischnee-Mandel-Masse darauf streichen. Die Form auf dem Rost in den Backofen schieben.

Ober-/Unterhitze: etwa 180 °C (vorgeheizt)
Heißluft: etwa 160 °C (vorgeheizt)
Gas: Stufe 2–3 (vorgeheizt)
Backzeit: etwa 30 Minuten.

6 Die Muffins etwa 10 Minuten in der Form stehen lassen, dann aus der Form lösen und auf einem Kuchenrost erkalten lassen. Muffins mit Puderzucker bestäuben.

Zubereitungszeit:
30 Minuten, ohne Abkühlzeit
Backzeit: etwa 30 Minuten

Insgesamt:
E: 52 g, F: 150 g, Kh: 343 g, kJ: 12255, kcal: 2926

Lebkuchen-Muffins

Gut vorzubereiten

1 Tasse ≙ 250 ml

Für den Rührteig:

- 1 Pck. (100 g) Lebkuchen
- ½ Pck. (125 g) Butter oder Margarine
- ½ Tasse (110 g) Zucker
- 1 Pck. Dr. Oetker Vanillin-Zucker
- 1 Prise Salz
- 3 Eier (Größe M)
- 1½ Tasse (170 g) Weizenmehl
- 2 gestr. TL Dr. Oetker Backin
- ½ Tasse (125 ml [⅛ l]) Eierlikör

Für den Guss:

- 1 Tasse (140 g) gesiebter Puderzucker
- 2 EL Orangensaft

1 Für den Teig Lebkuchen in einen Gefrierbeutel geben, Beutel verschließen. Lebkuchen mit einer Teigrolle zerbröseln. Butter oder Margarine mit Handrührgerät mit Rührbesen auf höchster Stufe geschmeidig rühren. Nach und nach Zucker, Vanillin-Zucker und Salz unterrühren. So lange rühren, bis eine gebundene Masse entstanden ist.

2 Eier nach und nach unterrühren (jedes Ei etwa 1/2 Minute). Mehl mit Backin mischen, sieben, abwechselnd in 2 Portionen mit dem Eierlikör auf mittlerer Stufe unterrühren. Lebkuchenbrösel unterheben.

3 Den Teig in eine Muffinform (für 12 Muffins, gefettet, gemehlt) geben und glatt streichen. Die Form auf dem Rost in den Backofen schieben.

Ober-/Unterhitze: etwa 180 °C (vorgeheizt)
Heißluft: etwa 160 °C (vorgeheizt)
Gas: Stufe 2–3 (vorgeheizt)
Backzeit: etwa 25 Minuten.

4 Die Muffins etwa 10 Minuten in der Form stehen lassen, dann aus der Form lösen und auf einem Kuchenrost erkalten lassen.

5 Für den Guss Puderzucker mit Orangensaft zu einer dickflüssigen Masse verrühren. Die Muffins damit bestreichen. Guss fest werden lassen.

Zubereitungszeit:
30 Minuten, ohne Abkühlzeit
Backzeit: etwa 25 Minuten

Insgesamt:
E: 52 g, F: 151 g, Kh: 483 g,
kJ: 15135, kcal: 3614

Rosen-Muffins

Für Gäste – mit Alkohol

Für den Schüttelteig:

- 250 g Weizenmehl
- 3 gestr. TL Dr. Oetker Backin
- 180 g Zucker
- 3 Eier (Größe M)
- 180 g zerlassene abgekühlte Butter oder Margarine
- 400 ml Schlagsahne

Für den Sirup:

- 200 g Zucker
- 300 ml Wasser
- 1 Pck. Dr. Oetker Finesse Geriebene Zitronenschale
- 3 EL Zitronensaft
- 3–4 EL Rosenwasser (erhältlich im Reformhaus)

Dekorrosen oder -blätter

Zubereitungszeit:
40 Minuten, ohne Abkühlzeit
Backzeit: etwa 25 Minuten

Insgesamt:
E: 62 g, F: 308 g, Kh: 633 g, kJ: 23232, kcal: 5548

1 Für den Teig Mehl mit Backin mischen, in eine verschließbare Schüssel (3-Liter-Inhalt) sieben, mit Zucker mischen. Eier, Butter oder Margarine und Sahne hinzufügen. Schüssel mit dem Deckel fest verschließen.

2 Mehrmals (insgesamt 15–30 Sekunden) kräftig schütteln, so dass alle Zutaten gut vermischt sind. Alles mit einem Schneebesen oder Rührlöffel nochmals sorgfältig durchrühren, damit vor allem trockene Zutaten vom Rand mit untergerührt werden. Den Teig in eine Muffinform (für 12 Muffins, gefettet) geben und glatt streichen. Die Form auf dem Rost in den Backofen schieben.

Ober-/Unterhitze: etwa 200 °C (vorgeheizt)
Heißluft: etwa 180 °C (vorgeheizt)
Gas: Stufe 3–4 (vorgeheizt)
Backzeit: etwa 25 Minuten.

3 Die Muffins etwa 10 Minuten in der Form stehen lassen, dann vorsichtig aus der Form lösen und auf einem Kuchenrost erkalten lassen.

4 Für den Sirup Zucker, Wasser, Zitronenschale und -saft in einem Topf mischen und unter Rühren erhitzen, bis der Zucker aufgelöst ist. Sirup im Topf ohne Deckel köcheln lassen, bis er etwas dicklich wird. Rosenwasser unterrühren. Muffins mit dem Kuchenrost auf ein Backblech stellen und mit dem Sirup beträufeln. Abgetropften Sirup wieder über die Muffins träufeln, bis der gesamte Sirup von den Muffins aufgesogen ist. Mit Dekorrosen und -blättern garnieren.

Mokka-Whisky-Muffins

Mit Alkohol

1 Tasse ≙ 200 ml

Für den Teig:

- ½ Pck. (125 g) zerlassene abgekühlte Butter
- 1 Tasse (200 ml) Milch

1 Für den Teig Butter und Milch in einer Rührschüssel mit Handrührgerät mit Rührbesen gut verrühren. Zucker, Vanille-Zucker, Espressopulver, Zimt, Salz und Eier unterrühren. Mehl mit Backin mischen, sieben, in 2 Portionen mit dem Whiskey kurz auf mittlerer Stufe unterrühren.

(Fortsetzung Seite 90)

1 Tasse (110 g) Zucker
1 Pck. Dr. Oetker Bourbon-Vanille-Zucker
1 Pck. (10 g) lösliches Espressopulver
1 TL gemahlener Zimt
½ gestr. TL Salz, 2 Eier (Größe M)
2½ Tassen (250 g) Weizenmehl
2 gestr. TL Dr. Oetker Backin
4–6 EL Whisky, 12 Kaffee-Pralinen

2 EL Puderzucker zum Bestäuben

Zubereitungszeit:
45 Minuten, ohne Abkühlzeit
Backzeit: 20–25 Minuten

2 Den Teig in eine Muffinform (für 12 Muffins, mit Papierbackförmchen ausgelegt) geben, glatt streichen. Auf jedes Teighäufchen je eine Kaffee-Praline setzen. Die Form auf dem Rost in den Backofen schieben.

Ober-/Unterhitze: etwa 180 °C (vorgeheizt)
Heißluft: etwa 160 °C (vorgeheizt)
Gas: Stufe 2-3 (vorgeheizt)
Backzeit: 20–25 Minuten.

3 Die Form auf einen Kuchenrost stellen. Die Muffins in der Form erkalten lassen, dann aus der Form nehmen und auf eine Tortenplatte legen. Muffins mit Puderzucker bestäuben.

Insgesamt: E: 51 g, F: 133 g, Kh: 424 g, kJ: 13593, kcal: 3246

Mango-Muffins

Zum Vorbereiten:
70 g Macadamianusskerne, geröstet und gesalzen
1 reife Mango, 70 g Rosinen

Für den All-in-Teig:
200 g Weizenmehl
2 gestr. TL Dr. Oetker Backin
150 g Zucker
½ Pck. Dr. Oetker Vanillin-Zucker
3 Eier (Größe M), 125 ml (⅛ l) Speiseöl, 2 EL Buttermilch

1–2 EL Rohrzucker (brauner Zucker) für die Form
Puderzucker zum Bestäuben

Zubereitungszeit:
35 Minuten
Backzeit: 25–30 Min.

Für Gäste

1 Zum Vorbereiten Nusskerne fein hacken. Mango längs durchschneiden, Kern herausnehmen. Mango schälen, Fruchtfleisch (etwa 200 g) klein würfeln, in eine Schüssel geben, mit Rosinen und Nusskernen mischen.

2 Für den Teig Mehl mit Backin mischen, in eine Rührschüssel sieben. Restliche Zutaten hinzufügen, mit Handrührgerät mit Rührbesen auf höchster Stufe in etwa 2 Minuten zu einem glatten Teig verarbeiten. Mango-Nuss-Mischung unterrühren. Den Teig in eine Muffinform (für 12 Muffins, gefettet, mit Zucker ausgestreut) geben und glatt streichen. Die Form auf dem Rost in den Backofen schieben.

Ober-/Unterhitze: etwa 180 °C (vorgeheizt)
Heißluft: etwa 160 °C (vorgeheizt)
Gas: Stufe 2–3 (vorgeheizt)
Backzeit: etwa 25–30 Minuten.

3 Die Muffins etwa 10 Minuten in der Form stehen lassen, dann aus der Form lösen, auf einem mit Backpapier belegten Kuchenrost erkalten lassen. Muffins mit Puderzucker bestäuben.

Insgesamt: E: 52 g, F: 201 g, Kh: 416 g, kJ: 15362, kcal: 3670

Haferflocken-Bienenstich-Muffins Klassisch

Für den Belag:
- 50 g Butter
- 100 g Zucker
- 75 ml Schlagsahne
- 100 g Haferflocken (kernige)

Für den Schüttelteig:
- 175 g Weizenmehl
- 2 gestr. TL Dr. Backin
- 75 g Zucker
- 1 Pck. Dr. Oetker Vanillin-Zucker
- ½ Fläschchen Dr. Oetker Vanille-Aroma
- 3 Eier (Größe M)
- 125 g zerlassene abgekühlte Butter oder Margarine

Für die Füllung:
- 375 ml (⅜ l) Milch
- 1 Pck. Dr. Oetker Pudding-Pulver Sahne-Geschmack
- 50 g Zucker
- 100 g weiche Butter

Zubereitungszeit:
55 Minuten, ohne Abkühlzeit
Backzeit:
25–30 Minuten

Insgesamt:
E: 70 g, F: 298 g, Kh: 472 g,
kJ: 20331, kcal: 4850

1 Für den Belag Butter, Zucker und Sahne in einem Topf zum Kochen bringen. Haferflocken hinzufügen und unter Rühren nochmals kurz aufkochen lassen. Haferflockenmasse etwas abkühlen lassen.

2 Für den Teig Mehl mit Backin mischen und in eine verschließbare Schüssel (3-Liter-Inhalt) sieben, mit Zucker und Vanillin-Zucker mischen. Aroma, Eier und Butter oder Margarine hinzufügen. Die Schüssel mit dem Deckel fest verschließen.

3 Mehrmals (insgesamt 15–30 Sekunden) kräftig schütteln, so dass alle Zutaten gut vermischt sind. Alles mit einem Schneebesen oder Rührlöffel sorgfältig durchrühren, damit vor allem trockene Zutaten vom Rand mit untergerührt werden.

4 Den Teig in eine Muffinform (für 12 Muffins, gefettet, gemehlt) geben und glatt streichen. Die Haferflockenmasse vorsichtig mit einem Löffel auf dem Teig verteilen. Die Form auf dem Rost in den Backofen schieben.

Ober-/Unterhitze: etwa 180 °C (vorgeheizt)
Heißluft: etwa 160 °C (vorgeheizt)
Gas: Stufe 2–3 (vorgeheizt)
Backzeit: 25–30 Minuten.

5 Die Muffins etwa 10 Minuten in der Form stehen lassen, dann aus der Form lösen und auf einem Kuchenrost erkalten lassen. Muffins einmal waagerecht durchschneiden.

6 Für die Füllung aus Milch (aber nur 375 ml), Pudding-Pulver und Zucker nach Packungsanleitung einen Pudding zubereiten. Pudding von der Kochstelle nehmen und die Butter unterrühren. Puddingcreme erkalten lassen, dabei ab und zu umrühren.

7 Die Puddingcreme auf die unteren Muffinhälften streichen oder die Puddingcreme in einen Spritzbeutel mit glatter Tülle geben und die unteren Muffinhälften damit bespritzen. Die oberen Muffinhälften darauf legen und leicht andrücken. Muffins etwa 1 Stunde kalt stellen.

Kapitelregister

Muffins mit Früchten

Muffins mit Schokolade

Muffins mit Nüssen und Mandeln

Gewürzmuffins

Alphabetisches Register

Umwelthinweis
Dieses Buch und der Einband wurden auf chlorfrei gebleichtem Papier gedruckt. Die Einschrumpffolie – zum Schutz vor Verschmutzung – ist aus umweltfreundlichem und recyclingfähigem PE-Material.

Wenn Sie Anregungen, Vorschläge oder Fragen zu unseren Büchern haben, rufen Sie uns unter folgender Nummer an 0521 155-2580 oder 520650 oder schreiben Sie uns: Dr. Oetker Verlag KG, Am Bach 11, 33602 Bielefeld oder besuchen Sie uns im Internet unter www.oetker.de.

Wir danken für die freundliche Unterstützung
Coca-Cola, Essen
Hosta-Werk, Stimpfach-Randenweiler.

Redaktion
Carola Reich, Annette Riesenberg

Titelfoto
Thomas Diercks, Hamburg
Innenfotos
Thomas Diercks, Kai Boxhammer, Hamburg (S. 5–11, 15, 17, 21, 23, 27, 31–51, 55, 59–69, 73–87, 91, 93)
Kramp & Gölling, Hamburg (S. 9, 13, 25)
Bernd Lippert (S. 9, 19, 29, 53, 71, 89)
Bernd Wohlgemuth, Hamburg (S. 57)

Rezeptentwicklung und -beratung
Mechthild Plogmaker, Dr. Oetker Versuchsküche, Bielefeld
Anke Rabeler, Berlin

Nährwertberechnungen
Nutri Service, Hennef

Grafisches Konzept
M·D·H Haselhorst, Bielefeld
Gestaltung
M·D·H Haselhorst, Bielefeld
Titelgestaltung
kontur:design, Bielefeld

Reproduktionen
MOHN Media • Mohndruck GmbH, Gütersloh
Satz
Typografika, Bielefeld
Druck und Bindung
MOHN Media • Mohndruck GmbH, Gütersloh

ISBN 3–7670–0825–4